大宋：书生挽狂澜

韩玉龙 编著

河海大学出版社
HOHAI UNIVERSITY PRESS
·南京·

图书在版编目（CIP）数据

大宋：书生挽狂澜 / 韩玉龙编著. -- 南京：河海大学出版社，2021.6
　ISBN 978-7-5630-6681-0

Ⅰ. ①大… Ⅱ. ①韩… Ⅲ. ①中国历史－宋代－通俗读物 Ⅳ. ①K244.09

中国版本图书馆CIP数据核字（2020）第268822号

书　　名 / 大宋：书生挽狂澜
　　　　　　DASONG：SHUSHENG WAN KUANGLAN
书　　号 / ISBN 978-7-5630-6681-0
责任编辑 / 毛积孝
特约校对 / 黎　红
装帧设计 / 刘昌凤
出版发行 / 河海大学出版社
地　　址 / 南京市西康路1号（邮编：210098）
电　　话 /（025）83737852（总编室）
　　　　　 （025）83722833（营销部）
经　　销 / 全国新华书店
印　　刷 / 北京东君印刷有限公司
开　　本 / 660毫米×960毫米　1/16
印　　张 / 15
字　　数 / 214千字
版　　次 / 2021年6月第1版
印　　次 / 2021年6月第1次印刷
定　　价 / 69.80元

总 论

有宋一朝，自公元960年赵匡胤登基称帝始，至1279年崖山海战失败止，共历三百一十九年，是中国历史上统治时间较长的一个朝代。其中以建炎南渡为界，分为北宋和南宋两个阶段。

宋朝共有十八个皇帝，他们当中，有八位的皇位由弟弟、养子、宗族子弟来继承。终宋一朝，也鲜少有争夺皇位的传闻，不仅如此，高、孝、光、宁四朝，还出现了连续三次内禅的情况，这在历史上实属罕见。然而，民间却流传着许多诸如斧声烛影、狸猫换太子、真假柔福帝姬的皇家秘辛，其背后史实究竟如何，我们仍未可知。

宋太祖赵匡胤吸取晚唐藩镇割据和宦官专权的教训，加之难免忧心自己"黄袍加身"的历史重现，所以他的治国政策主要围绕加强君主集权来进行，剥夺武将兵权，重文抑武。

必须要指出的是，宋太祖是一个气量宽宏的人，历史上多少君主帝王在夺取政权后，第一件事便是诛杀有功之臣，但宋太祖善待了他的随将，善待了周世宗的子嗣，并且立下誓约："不得杀士大夫及上书言事人。"有宋一朝的政治开化之风，文化高度繁荣，都有赖于太祖垂范。

宋太宗赵光义继位后，继续着统一全国的大业。然而雍熙北伐的失败让宋太宗饱受打击，他开始了浩浩荡荡的文治"工程"。这些举措包括重修崇文院，收藏典籍，编修大型图书，栽培重用科举人才等等，使得当时一些寒门学子也能做上大官。纵观宋朝三百余年的时间，涌现出的文化名人、名臣不计其数。

从宋真宗开始，宋朝的形势由明转暗。澶渊之盟的订立虽然结束了宋辽双方的敌对状态，然而这对于宋朝而言，却是一个屈辱的条约。它是向敌对政权输送"岁币"的滥觞，此后宋朝常以各种和约来抑制战争，寻求苟安，不仅没能实现宋太祖、宋太宗统一中原的夙愿，还使国家背上了沉重的财政负担。在这种情况下，宋真宗又迷上了封禅活动，想以此来证明自己的丰功伟业。为此，他与朝官们"导演"了一出出闹剧，将太祖、太宗两朝的国库积蓄挥霍殆尽。

到了宋仁宗时期，由于宋仁宗天性宽仁，知人善任，他在位期间，经济繁荣，科技文化都有很大的发展，所以他统治的时期被称为"仁宗盛治"。但这一时期，国家的官僚队伍越来越壮大，朝廷形成了冗官、冗员的局面，百姓生活困苦，边境又常遭到辽和西夏的骚扰，宋朝的社会危机日益严重。宋仁宗采纳范仲淹的建议，实行庆历新政，然而新政仅历时一年零四个月便无疾而终。面对西夏的骚扰，宋军连年战败，不得不又通过庆历和议来保证暂时的和平。

仁宗无子，由濮王赵允让之子赵宗实（后改名赵曙）继位，是为宋英宗。宋英宗登基之后，为了给自己的生父争取名分，与朝臣展开了长达十八个月的辩论、谏议，最终依靠皇权达到了自己的目的。英宗在位四年，无功无过，最有名的政治事件便是这场"濮议"。

这时宋朝又出现了一位有大志向的皇帝，他便是宋神宗。他自幼便将祖宗收复幽云十六州的愿望作为自己的志向，有革除弊政、富国强兵的决心。他与宰相王安石共同主持了熙宁变法。

这是一次全面的、深入的、彻底的变革，但由于触动了官僚阶级的利益和政策本身存在缺陷，在实施过程中遭遇到重重阻碍，最终新法被废除。宋神宗去世时年仅三十八岁，他一生的精力都交付给了变法事业，虽然历史上对熙宁变法的举措和影响多有非议，但是神宗与王安石二人的革新精神却受到赞颂。

宋朝以文治天下，而且有不杀士大夫的祖训，朝臣们得到了空前的言论自由。这一方面为吏治的清明、文化的繁盛打下了基础；另一方面也导致了朝臣们意见纷纷，各有立场，容易出现党派之争。自真宗开始，宋朝的党争一直持续到崖山海战前夕，伴随着宋朝的灭亡。

宋哲宗是个短命皇帝，执政理国的抱负没有实现，二十五岁便抱憾辞世。他没有子嗣，只有五个弟弟，最终端王赵佶当上了皇帝，这便是宋徽宗。宋徽宗即位时，宋王朝已经在走下坡路，此起彼伏的党争大大消耗了国家的元气。宋徽宗即位前又是个闲散王爷，他爱好广泛，在艺术上颇有成就，然而错生帝王之家。在他当政的二十余年里，国家朝政乱作一团。在宋朝君臣醉生梦死之时，辽国东部的女真部落渐渐兴起，成长为宋朝最有力的强敌。

宣和七年（1125）年，金军大举南侵。宋徽宗情急之下禅位于太子赵桓，自己做了太上皇。在国家危机的关头，徽宗带着自己的几个权臣出奔镇江避难。等到金军撤兵，他又大摇大摆地回到东京开封府继续享乐。靖康二年（1127）正月，宋钦宗赵桓去金营谈判被扣押；二月，钦宗被金人废黜。随后，宋徽宗也被俘，史称"靖康之变"。至此，北宋彻底灭亡。

宋徽宗、宋钦宗二人在金朝饱尝屈辱，到死也没有了却回归故土的心愿。而在这场靖康之变中，康王赵构因不在开封侥幸逃过一劫。金军撤退后，他在南京应天府登基为帝，改年号建炎，历史上称这段时期为"南宋"。

然而宋高宗是个无德无能的皇帝，只求苟安，不思进取，为了议和，不惜以"莫须有"的罪名残害忠臣良将。在做了三十六年皇帝之后，他又高枕无忧地做了太上皇。宋高宗的养子赵昚即位为宋孝宗，他是南宋皇帝中最有作为的一个。他即位后力图中兴，收复河山，力主隆兴北伐，整顿吏治，改革经济，因此在他统治期间出现了"乾淳之治"的局面。

然而隆兴和议的条约却是笼罩在宋孝宗头上的阴影。金世宗病死后，金章宗继位，消息传到临安后，身心俱疲的宋孝宗也选择了退位。他的儿子宋光宗懦弱无能，朝政大权都被皇后李氏把握。宋光宗在位五年，无所作为，还引发了朝政危机，在绍熙五年（1194），他也选择了退位。

嘉王赵扩当上了皇帝，是为宋宁宗。他生活节俭，虚心好学，是一名忠厚之主。然而此时的南宋朝政腐败，民生凋敝，奸臣当道。他在位三十年，前期朝政被韩侂胄把持，后期又遇史弥远专权。纵然有心，也无力回天，南宋的国势一日不如一日。

宋理宗即位后，主持端平更化，选贤任能，虽有心革除南宋弊政，然而此时的南宋朝廷，已经积重难返。晚年他又昏聩无闻，沉迷于声色犬马，朝政大权落到贾似道等奸臣手中。宋理宗在位四十一年，时长仅次于宋仁宗。他去世后，宋度宗登上帝位。在国难当头之际，宋度宗才发现，朝中无人可用，灰心之下，他把军国大权交给贾似道。在外患与内忧的共同催逼之下，腐朽的南宋王朝正一步步走向衰亡。

宋朝最后三个皇帝分别是宋恭帝赵㬎、宋端宗赵昰和宋朝最后一个皇帝赵昺。宋恭帝即位时只有四岁，他被俘后，南宋正式向元朝投降。宋端宗即位时只有七岁，赵昺即位时只有六岁。崖山海战中，陆秀夫背着年仅七岁的赵昺投海而亡。南宋王朝无以为继，在飘零寥落中葬身深海。

人们提到两宋时期，通常会认为这是一个积贫积弱的时代。一方面，朝廷重文轻武，为了分割宰相的职权，设立参知政事、枢密院、审刑院和三司使；为了防止官员之间勾结舞弊，又实行官、职、差分离制度，往往一个职位能完成的任务需要两三个官员协同才能完成。

同时宋朝在大兴科举外，还有荫补制度，这导致宋朝的官僚队伍十分庞大。一方面，在军事上，为了防止武将专权，实行兵将分离制度，军队将领调动频繁，导致"兵不识将，将不识兵"的情况层出不穷，同时大量募兵、养兵，却忽视军队训练，军队缺乏凝聚力。由于冗官、冗兵，加之后期连年向别国输送银绢，造成国家财政支出十分庞大，形成了冗官、冗兵、冗费的"三冗"局面。

与政治上腐败的局面相反的是，宋朝却是中国历史上经济、文化、科技都高度繁荣的时代，其经济实力及富庶程度远高于盛唐。著名历史学者陈寅恪说："华夏民族之文化，历数千载之演进，造极于赵宋之世。"宋神宗时期，一年的铸钱量高达五百万贯，而唐玄宗时期年铸币量也不过三十二万贯。

宋朝时期不再实施重农抑商的政策，而是大力发展工商业、造船业、制瓷业、丝织业等行业，这些行业都有很大的发展。宋朝还第一次出现了纸币和银行信用，这对于货物流通、商业发展有很重要的作用。这一时期还出现了很多大城市，十万户以上的城市约有四十个。汴京、临安、洛阳、应天等都是当时的繁华大都市。陆路、水路上交易繁忙，往来船只不息，城市内车水马龙，作坊、商铺、酒肆到处都是，城市灯火通明。北宋词人柳永在《望海潮》中写道："东南形胜，三吴都会，钱塘自古繁华。烟柳画桥，风帘翠幕，参差十万人家。"

两宋时期的科技不仅是中国古代史上的高峰，也领先当时的世界水平。北宋平民毕昇发明了泥活字，标志着活字印刷术的诞生，这项技术比德国人约翰内斯·古腾堡的铅活字印刷术早约四百年。造船技术也是当时世界领先，指南针开始应用于航海事业。太宗时期，每年造船可达三千三百艘，到了南宋时期，经济重心南移，南方的水利条件使得海上贸易日趋发达，造船业更进一步发展。火药是中国四大发明之一，在唐朝末年火药已经开始用于军事。到了宋朝，火药用于军事已经更加普遍。北宋中期，杨忠辅制定《统天历》，它与现代所测数值仅仅相差二十六秒，与现行的公历采用的数据大致相同，比西方《格里历》的颁行早三百八十多年。北宋官员、科学家沈括所著的《梦溪笔谈》内容丰富，集前代科学成就之大成，被西方誉为是世界上最早的百科全书。此外，宋朝的冶炼业、土木工程等也发展迅速。

宋朝时期，文化方面的成就更是空前。宋太祖曾要求其子孙不得杀害士大夫及上书言事人，文人在宋朝的地位很高，有"满朝朱紫贵，尽是读书人"的说法。在理学、文学、史学、书法、绘画等方面都硕果累累。

唐宋八大家中，有六位都是宋朝人。词又称为曲子词、长短句、诗余等，这一文学体裁在宋朝盛行，宋词与唐诗并称"双绝"，代表宋代文学的最高成就。苏轼、辛弃疾、李清照、柳永、秦观、晏殊、晏几道等人的作品都流传千古。

宋朝的绘画在古代绘画史上也是极为突出的，并且在绘画技巧上有许多创造性。花鸟画、山水画、人物画都取得很高成就，不同风格流派纷呈。民间绘画、宫廷绘画、士大夫绘画各自形成体系，又相互影响、渗透，构成了宋代绘画丰富多彩的面貌。宋徽宗赵佶就是一个颇有成就的画家，他的《瑞鹤图》《芙蓉锦鸡图》等都是上乘的佳作。北宋画家张择端创作的风俗画《清明上河图》，宽24.8厘米，长528.7厘米，生动地记录了北宋时期都城东京的城市面貌，是当时北宋经济繁荣与市井文化发达的真实写照。《清明上河图》作为中国十大名画之一，已经成为宋朝的文化符号。

经济、文化、艺术都极大繁荣的赵宋王朝，却一直处在外族的威胁之中。宋朝的帝王们大多是守成之君，到了南宋，君王们更是沉迷于苟且偷安的醉梦之中。南宋都城临安也成了当时南宋朝廷的临时安乐之所。诗人林升在路过临安时写道："山外青山楼外楼，西湖歌舞几时休？暖风熏得游人醉，直把杭州作汴州。"诗人不露声色地揭露了当政者们只知纵情享乐、歌舞升平，荒废基业，不思进取。

而与当政者们的庸碌与胆怯相对照，在国难当头的危急时刻，宋朝涌现出一批报国志士，他们当中有很多人甚至不是武将出生，而仅仅是一介书生。老将宗泽"出师未捷身先死，长使英雄泪满襟"，宰相李纲"进退一身关社稷，英灵千古镇湖山"，徐徽言"报国死封疆，临难不屈，忠贯日月"，韩世忠"身更百战，义勇横秋"，岳飞"忠魂皓月千秋在"，"朝廷养兵三十年，今日大功乃出儒者（虞允文）！"辛弃疾"白发自怜心似铁"，陆游"位卑未敢忘忧国"，"崖山下天教绝宋，至今气节属三人（文天祥、张世杰、陆秀夫）"。

崖山海战的失败，使得赵宋王朝再度倾覆于外敌之手，但宋朝的臣子、军士、平民百姓所进行的不屈不挠的斗争与大无畏的投身精神,将永远篆刻在历史的丰碑之上。著名学者田汉曾写道:"云低岭暗水苍茫,此是崖山古战场。帆影依稀张鹄鹞,涛声仿佛斗豺狼。艰难未就中兴业,慷慨犹增百代光。二十万人齐殉国,银湖今日有余香。"

目录

北宋篇：长烟落日孤城闭

陈桥兵变　003　有钱何必使相　020

金匮之盟　005　斧声烛影　022

杯酒释兵权　007　宋太宗的文治『工程』　024

气量宽宏的宋太祖　009　钱俶纳土归宋　026

赵普：从幕僚到宰相　011　大事不糊涂的吕端　029

半部《论语》治天下　013　德昭之死　032

七宝饰溺器，不亡何待　014　涪陵之祸　034

赵普罢相　016　元佐焚宫　036

宋太祖灭南唐　017　知子莫若父　038

　　　　　　　　　　　　　寇准：立朝侃侃，直道靡顾　039

　　　　　　　　　　　　　澶渊之盟　041

目录

- 宋真宗「天书」封禅 … 045
- 王旦荐寇准 … 048
- 寇准复相 … 050
- 狸猫换太子 … 052
- 刘太后垂帘听政 … 054
- 废后风波 … 056
- 庆历和议 … 058
- 庆历新政 … 060
- 朋党之争 … 062
- 种世衡反间除贼 … 065
- 包拯唾溅帝面 … 067

- 黥面将军狄青 … 069
- 宋仁宗立储风波 … 071
- 宋英宗与「濮议」 … 073
- 神宗即位 … 075
- 「拗相公」王安石 … 077
- 王安石拜相 … 079
- 熙宁变法 … 081
- 黯然谢幕 … 084
- 元丰改制 … 087
- 乌台诗案 … 089
- 乌台诗案后续 … 091

目录

元祐更化	094
女中尧舜	096
绍圣绍述	098
孟后之废	101
崇宁更张	103
元祐党籍碑	105
「纨绔天子」宋徽宗	107
北宋「六贼」	109
宋江起义	112
方腊起义	114
方腊起义后续	116
海上之盟	118
自掘坟墓	120
徽宗禅位	122
钦宗献金求和	124
金军的二次南下	126
靖康之变	128

3

目录

南宋篇：直把杭州作汴州

- 高宗即位 … 133
- 七十七日宰相 … 135
- 建炎南渡之汴京遗恨 … 137
- 苗刘兵变 … 139
- 高宗复位 … 141
- 黄天荡之战 … 143
- "儿皇帝"刘豫 … 145
- 绍兴和议之初次试探 … 147
- 郾城之战 … 149
- 十年之功，废于一旦 … 151
- 绍兴和议的达成 … 153
- 采石大捷：书生挽狂澜 … 155
- 唐岛海战 … 158
- 真假公主 … 159
- 孝宗即位 … 161
- 隆兴北伐：从头收拾旧河山 … 163
- 隆兴和议 … 165
- 乾淳之治 … 167
- 范成大出使金朝 … 169
- 孝宗退位 … 171

目录

绍熙内禅	173
庆元党禁	175
嘉定和议	177
端平更化	179
收复三京：南柯遗梦	181
群奸误国	183
襄阳之战	186
悍将群像：捐躯赴国难，视死忽如归	188
文天祥：而今而后，庶几无愧	191
崖山曲终，忠魂千古	193

文人篇：衣上酒痕诗里字

范仲淹与《岳阳楼记》	199
欧阳修和《醉翁亭记》	201
欧阳修与古文运动	203
司马光与《资治通鉴》	205
李清照：笔走龙蛇起雷声	207
辛弃疾：白发自怜心似铁	210
陆游：位卑未敢忘忧国	213
程朱理学	215

宋朝大事纪年表

217

北宋篇：长烟落日孤城闭

陈桥兵变

公元959年，后周世宗柴荣染疾病死，时年三十九岁。柴荣的四子柴宗训当时年仅七岁，继立为皇帝，即周恭帝。

显德七年（960）旧历正月初一，周恭帝君臣正在欢度新春之时，北边突然传来奏报：北汉联合契丹贵族犯境。此消息一出，令尚且还沉浸在节日的欢庆气氛中的小皇帝如遭当头棒喝，十分忧惧。此时，宰相范质、王溥请奏，派殿前都点检赵匡胤前去御敌。

正月初三，赵匡胤率大军出城二十里，军队行至陈桥驿，赵匡胤下令就地宿营。那时，京城中到处风传"策点检为天子"。赵匡胤的几个心腹大将趁机到处散播，并且煽动将士们，说："当今的皇帝年幼懦弱，不能亲自理政，我们出生入死地打仗，即使立了功，又有谁知道呢？不如先立点检为天子，然后再北征。"接着，又派人火速赶往京城，告知赵匡胤的心腹石守信、王审琦等人，等赵匡胤回京时作为内应。

当天晚上，在陈桥驿的将士们没有入睡，群情激奋，而赵匡胤假装自己喝得酩酊大醉，在军帐中沉睡。初四的凌晨，赵匡胤的弟弟赵匡义、书记官赵普等一众将士披坚执锐，闯进赵匡胤的帐中，大声说道："诸将无主，我们愿意立点检为天子！"赵匡胤还来不及答话，只见一众将士一边喊叫着，一边快步上前，围住赵匡胤，将一件黄袍披在了他的身上。众人纷纷跪拜，大呼"万岁"，随即将赵匡胤扶上高头大马，向南驰骑回京城。

赵匡胤趁机问众将士："你们贪图富贵，立我为天子，我有号令，你们能听从吗？"众人都听命说："唯皇上之命是听。"于是，赵匡胤与兵变的将士们约法三章："周太后和小皇帝是我的故主，你们不得惊犯；朝中大臣是我的同僚，你们不得欺凌；国库财富以及豪门之家，你们不可掠夺。"众将士一一听从。

赵匡胤率大军从仁和门进入京城，石守信等人早已等候多时。朝中大臣们听说赵匡胤陈桥兵变，惊惧不已，企图抵抗。过了一会儿，赵匡胤来到明德门前，众将士把宰相范质、王溥拉到他面前。赵匡胤见此情景，佯装悲戚，道："我世代蒙受国恩，今日之事是为六军所迫，到眼下这种地步，实在是有愧于天地，可又能怎么办呢？"范质、王溥还未来得及回答，站在身侧的军校罗彦环按住手中的兵器，大声喊道："我辈无主，今日必须有一个新天子！"王溥、范质见大势已去，只得无奈跪拜。朝臣们见势，也都表示祝贺。

公元960年正月初四这天，小皇帝柴宗训被迫禅位，被降封为郑王；赵匡胤到崇元殿举行禅代礼，即位为皇帝，定国号为"宋"，改元"建隆"，以汴京为都城，称东京。赵匡胤就是宋代的开国皇帝——宋太祖。

金匮之盟

杜太后，定州安喜县人。十五岁时，她嫁给了赵弘殷（后被赵匡胤追谥为宋宣祖）。杜太后先后育有五子二女，其中赵匡胤是次子，赵匡义是三子。

陈桥兵变时，赵匡胤黄袍加身，有人第一时间将消息告知了杜老夫人。杜夫人却十分镇定坦然："我的儿子向来有大志向，今天看来，果然如此！"赵匡胤登上皇位后，杜老夫人成为皇太后。

按照历代的礼法，赵匡胤尊其母南阳郡夫人杜氏为皇太后，在大殿上行跪拜礼。众人们都十分欢喜，向皇太后祝贺，然而，杜太后却不发一言，神情不悦。左右的人便问道："臣听说'母以子贵'，您的儿子成为皇帝，太后为何不高兴呢？"太后回答说："我听说'为君难'，天子在万民之上，如若治国有方，那么百姓拥护，帝位稳固；但是如果御民无道，失去百姓拥护，到那天就是想当个普通百姓也做不到。这是我忧心的地方。"赵匡胤听完此话，立即拜倒："儿子必定听从您的教诲。"

建隆二年（961），杜太后身染重疾，赵匡胤日夜服侍母亲，不离左右。杜太后病情加重时，她将赵匡胤、丞相赵普召来交代后事。杜太后问赵匡胤："你知道你是怎样得到天下的吗？"赵匡胤回答："我之所以能得天下，都是父亲和母后积德所致。"杜太后说："你错了。你之所以能成为天子，是由于后周世宗让幼子做了皇帝，治理不了国政。倘若周氏有一位年长才高的皇帝，天下还会成为你的吗？你百年之后应当传位给你的弟弟。天下之大，臣民众多，如果能立一个年长的人为皇帝，才是社稷之福啊。"

宋太祖听完此话，哭泣着拜倒在母亲面前："儿子不敢不听从母亲的教诲。"杜太后又对赵普说："你将我的话记下来，不可违背。"她命赵普在床前记下遗诏，赵普在遗诏落款"臣普书"，然后将遗诏藏在金匮之中，命宫人严密保管。

　　建隆二年六月初二，杜太后在滋德殿去世，时年六十岁。

　　宋太宗即位之时，按照赵普的提示，果然找到了这份遗诏，也使得宋太宗继位顺理成章。

　　而"金匮之盟"事实上疑点重重，誓约订立之时，仅有杜太后、宋太祖、赵普三人在场；誓约被举发之时，又仅有宋太宗、赵普二人参与。这份誓约是否真实存在，其内容具体如何，都可看作宋太宗与赵普二人的片面之词。

杯酒释兵权

赵匡胤出身行伍，从殿前都点检到开国皇帝，他深知兵权对于维护皇权的重要性。为了防止再有人效仿他"黄袍加身"，所以赵匡胤开始整顿军政，但他所谓的整顿军政也只是把大权交给亲信。

到建隆二年（961），赵匡胤的弟弟赵光义担任了殿前司都虞候，王审琦担任都指挥使，高怀德担任副都点检，石守信、罗彦环、张令铎、韩重赟等人把控着侍卫亲军司的要职。至此，禁军的高级将领全部都是赵匡胤的亲信。

然而宰相赵普对此却深感忧心，他对赵匡胤说："臣不担心他们会背叛皇上，但如果他们的部下贪图富贵，万一军队里有人起兵，他们能够自主吗？"赵匡胤知道赵普是以"陈桥兵变"事件来警醒自己，"黄袍加身"的事情说不定哪一天会发生在别人身上。

七月初九，下晚朝时，宋太祖召集石守信、王审琦等禁军高级将领一起喝酒叙旧。酒至半酣，太祖屏退左右侍从，他对自己的故友们说："我如果不是靠你们，就做不了皇帝。但是身为天子，实在有很多难处。不像当初做节度使时，尚且逍遥自在。我自从登基以来，已经一年多了，连一个安稳觉也没有睡过啊！"

石守信等人站起来问道："陛下这是为什么呢？"

赵匡胤微笑着说道："我与你们都是老朋友了，有什么不能直说的呢？说句实话，这个皇帝的位子，哪个不想坐呢？"

石守信等人一听，立刻跪地，说道："陛下何出此言？如今天下已定，谁还敢有异心？"

赵匡胤说："你们本是没有异心的，倘若你们的部下贪图富贵，暗中怂恿你们，一旦生变，将黄袍披到你们身上，到那时你们即使不想干，也不行啊！"

石守信等人听闻此言，泣不成声地说："臣等愚笨，还望陛下垂怜，给我们指一条生路！"

赵匡胤说："你们快起来！我有一些话，正要与你们说。"

众将士们站起来，赵匡胤对他们说："人生短暂，如白驹过隙。所求不过是多积钱财，能使自己好好享乐，子孙后代也不至于穷困罢了。我为你们打算，不如释去兵权，购置一些良田房宅，为子孙们留永久的基业，自己买些歌姬舞女，朝夕饮酒作乐，以终天年。我与你们约为儿女亲家，这样我们君臣之间没有嫌隙，上下和睦，岂不更好吗？"

众人赶忙拜谢道："陛下为我等考虑周全到此等地步，真可谓是让死人复生、白骨长肉啊！"

当晚宴饮宾主尽欢。第二天，石守信、张令铎、高怀德等人纷纷上表启奏，要求解除自己手中的兵权。宋太祖任命石守信为天平节度使，王审琦为忠正节度使，张令铎为镇宁节度使，高怀德为归德节度使等。

众将士先后向宋太祖辞行，太祖又赏赐了他们很多财宝，大家欢欢喜喜地散去了。

气量宽宏的宋太祖

宋太祖赵匡胤常常与唐太宗李世民一起被人称为"唐宗宋祖",足可见这位宋朝的开国皇帝在历史上的地位。赵匡胤是一个拥有过人的胆略和胸怀宽广的人,所以才能受到将士拥戴,民心归附,从而成为一代开国皇帝。

宋太祖气量宽宏,有诸多事实可以证明。

相传赵匡胤即位之初,在宫中看见一个宫女,怀中抱着一个小婴儿。他询问宫人,得知这个婴孩其实是周世宗柴荣的儿子。他问大臣此事该如何处理。赵普主张杀之以绝后患,而潘美则沉默不语。太祖追问潘美,他才回答道:"陛下与我都曾经效力于周世宗。如果我劝陛下杀掉这个婴孩,是有负于周世宗的信任;如果劝陛下不杀,陛下肯定会怀疑我。"

宋太祖听罢感叹道:"我坐上了周世宗的位子,却要杀掉他的孩子,这种事不仁不义,我不忍心做。"

建隆三年(962),宋太祖赵匡胤命令匠人雕刻了一块石碑,石碑上刻了三行誓词,赵匡胤将这块石碑放在太庙寝殿的夹室之中,称之为"誓碑"。

誓碑上的誓词第一句是:"柴氏子孙,有罪不得加刑,纵犯谋逆,止于狱内赐自尽,不得市曹刑戮,亦不得连坐支属。"第二句是:"不得杀士大夫及上书言事人。"第三句是:"子孙有渝此誓者,天必殛之。"

在某次御宴上,翰林学士王著喝得酩酊大醉,开始不停地耍酒疯。赵匡胤命人将他带下去,他死赖着不走,还杵在宫门口痛哭流涕。

第二天,有臣子上书弹劾王著,说他昨日号啕大哭,是在哭他的旧主周世宗柴荣，请求皇帝治他的罪。

赵匡胤说："他不过是一个酒鬼罢了。以前又是周世宗的臣子，他一介书生，酒后哭两声旧主，于我又有什么害处呢？"

宋朝立国后，赵普很受重用，担任宰相一职多年。赵普曾几次在宋太祖面前说起旧事，当初他与太祖地位卑微之时，有人待他们不善。太祖听罢，不以为然："如果在尘埃中便可识得天子、宰相，那么人人都会去求访了。"赵普听后，再不敢提此事。

又有一次，宋太祖在后园里打鸟雀，有一个臣子自称有急事求见，太祖连忙召他进来，然而，这个臣子所奏只是平常之事。太祖很不高兴，责问他急忙求见的原因。这个人回答说："臣以为这些事比打鸟雀还是要紧急一些。"太祖更加生气了，拿起柱斧柄撞掉了那人两颗牙齿。这个臣子不紧不慢地将牙齿捡起来揣入怀中。太祖骂他道："你把牙齿藏起来，难道还想告我吗？"臣子回答："我不能控告陛下，但是史官自然会记录这件事。"太祖听完，既害怕又从心里佩服，于是赐给他金银丝帛来慰劳他。

相对于那些"飞鸟尽，良弓藏；狡兔死，走狗烹"，害怕"养虎为患"及"斩草不除根"的统治者，宋太祖赵匡胤的确是展现了他仁慈的一面。也正是由于宋太祖的表率作用，所以两宋王朝一直以来对士大夫阶层十分优待，培养出了大批优秀的人才。

赵普：从幕僚到宰相

赵普，字则平，北宋开国名臣。赵普为人机敏，办事严肃刚正，虽然有时好嫉妒猜疑，但能以天下事为己任。

有一次，赵普上奏推荐某人去做官，赵匡胤没有采用。第二天，赵普又上奏举荐此人，太祖仍不用。第三天，赵普又上奏举荐此人，太祖大怒，将奏牍撕碎了扔在地上。赵普面不改色，跪着将撕碎的奏牍拾起来回去了。过了几天，赵普将奏牍粘好，再次上奏。宋太祖于是觉悟，最终起用这个人。

还有一次，有一个臣子立了功，按规定应该升官。宋太祖平日里就讨厌那人的为人，所以不批准。赵普坚持为他请求，据理力争。宋太祖怒了："我就是不准，你能怎么办？"

赵普说："刑罚是用来惩治罪恶的，赏赐是用来酬谢有功劳的人的，这是古往今来的通理。况且刑赏是国家的刑赏，不是陛下一个人的刑赏，怎么能以陛下一个人的喜怒好恶来独断专行呢？"太祖听完更加愤怒，起身就走，赵普紧紧跟在他身后，过了很久也不离去。最终太祖同意了给那人升迁。

宋太宗赵炅（赵光义）听信弭德超的谗言，认为大将曹彬有不轨的行为。当时赵普适逢再次出任宰相，于是他替曹彬辩解，使得事件得以澄清。宋太宗感叹道："我不断黑白，差点耽误了国事。"于是待曹彬又一如往常。

宋太祖赵匡胤特别重视赵普的意见，又喜欢微服私访。因此赵普每次退朝时，不敢换上常服，担心皇帝会突然造访。有一天，傍晚时天降大雪，天已黑了多时。赵普心想，今天皇帝肯定不会再来了，便准备就寝。过了一段时间，听到一阵敲门声，出门一看，赵匡胤立在风雪中，赵普慌忙拜迎。赵匡胤说："免礼，我已经约好晋王同来了。"

不一会儿，时任开封府尹的赵光义来到了赵普的府邸。赵普在屋中铺设厚厚的垫子，请他二人坐在堂中，烧起炉火烤肉吃。赵普的妻子在一旁倒酒，赵匡胤忙称有劳嫂子。

随后，赵匡胤、赵光义与赵普便合议攻下太原一事。赵普说："太原阻挡着西面、北面，如果太原被攻下，那么此后北方的边患将由我们独挡了，不如暂且留着它，等到南方诸国平定，那时太原这样的弹丸之地，还能逃到哪里去呢？"

赵匡胤笑道："我意正是如此，只是想试探你一下罢了。"

这次雪夜访谈，宋太祖"先南后北，先易后难"的战略决策得以制定。

半部《论语》治天下

关于北宋名臣赵普"半部《论语》治天下"的故事，有多种说法。

一种说法是，赵匡胤与赵普识于微时，赵普在年少时就熟悉为官之道，但是他早年读书不多。赵普当上宰相之后，宋太祖时常劝他多读书。赵普听从宋太宗的意见，终日勤勉，手不释卷。每次退朝回家，就把门一关，打开柜子，取出书来，常常一看就到深夜。家人们都感到奇怪，不知道他到底在刻苦研读什么经卷。

淳化三年（992），赵普因病去世。家人们打开他每晚取用典籍的柜子，里面是一本《论语》，只有二十篇，仅有半部。因此人们都说赵普"半部《论语》治天下"。

另外一种说法是，赵普在宋太宗时期再次为相时，有人对宋太宗说："赵普不学无术，除了读过《论语》，其他什么书都不读。让他当宰相，不太合适。"宋太宗听后，说："赵普读书不多，我一直是知道的。但你说他只读过一部书，这我不信。"

有一次宋太宗和赵普闲谈，宋太宗就问赵普："我听别人说，你只读过一部《论语》，这是真的吗？"赵普回答道："臣平生所学，确实不超过这些。过去，臣凭借半部《论语》辅佐先太祖平定天下，如今，臣计划用半部《论语》辅助陛下，致天下之太平。"

然而关于赵普"半部《论语》治天下"的典故，其实正史上一直未有明确记载，况且一朝宰相，只读半部《论语》，显然是有夸张成分在的。这一说法广为流传的原因，可能与宋代大肆宣扬儒学有关。

七宝饰溺器，不亡何待

孟昶，字保元，后蜀高祖孟知祥的第三子，同时也是五代时期后蜀国君。

孟昶在位三十年，即位初年，他也曾励精图治，注重农桑，兴修水利。但是在位后期，他贪图享乐，不思国政，骄奢淫逸，相传他为了博宠妃花蕊夫人的欢心，在成都城内遍种芙蓉花，成都也因此被世人称为"蓉城"，他还曾经用七宝来装饰小便用的器具，奢靡异常。所以蜀地百姓怨声载道，民不聊生。

宋军准备攻打后蜀的消息传到成都，孟昶十分惶恐。丞相李昊建议孟昶向宋朝贡，以保平安。孟昶的近臣王昭远认为蜀道艰难，易守难攻，无须向宋称臣进贡。孟昶听取了王昭远的意见，决定扩充兵马，严守要塞。王昭远还建议后蜀和北汉联合起来，夹攻大宋，孟昶于是派赵彦韬送信去太原。谁料赵彦韬将信送去了汴京。

宋太祖赵匡胤看了孟昶的信，以此作为讨伐后蜀的借口。乾德二年（964）十一月，赵匡胤命令王全斌、刘廷让、崔彦进、王仁赡和曹彬等人率领六万之众分别从水、陆两道向蜀地进攻。后蜀方面，孟昶任命王昭远为都统，王昭远以诸葛亮自比，手拿铁如意指挥大军。结果十四万驻守成都的蜀军却众不敌寡，节节败退。

乾德三年（965）元月，宋军水、陆两军会师于成都。孟昶对花蕊夫人说："我父子以丰衣足食供养这些士兵四十年，一旦遇到敌人，竟然连一支箭都射不出去！"于是孟昶自缚出城请降。自宋军出师之日到孟昶请降，只用了六十六天。

宋太祖灭掉后蜀之后，侍卫们将收缴的物品呈给宋太祖，其中就有用七宝装饰而成的溺器。赵匡胤见孟昶连溺器也要用如此精美绝伦的装饰，不禁感叹道："这个人竟然用七宝装饰此物，那用什么来盛放食物呢？奢靡到如此地步，后蜀怎么可能不灭亡？"宋太祖于是命侍卫将七宝溺器打得粉碎。

赵普罢相

开宝六年（973），吴越王钱俶给赵普送来一封书信和十坛海货，单子上写的是"海物十瓶"，由力士们抬着放到了堂屋的左廊下。

正好此时，宋太祖微服出行，来到赵普的府邸。赵普来不及将海物收藏起来，只得慌忙出去迎接宋太祖。宋太祖看到廊下的坛子，就问坛子里装的是什么。赵普就据实回答，是吴越王钱俶送来的海货。太祖说："既然是海货，那么味道一定是上品。"便命人打开一坛，结果坛内装满了瓜子金。

赵普慌忙跪下说："臣还没看信，实在不知道里面装的是什么，如果知道，一定会秉明圣上，推辞掉这些东西。"宋太祖却笑着说："你不妨直接收下。国家大事，我还要靠你呢！"

虽然这时候宋太祖没有明说，但他对赵普有了一些戒心，直到赵普被弹劾。当时朝廷禁止私人贩卖陕西、甘肃的大木料，赵普违犯禁令，派遣小吏去陕西、甘肃等地购买木材，并且连成巨大的木筏运到京城盖房子。这个小吏趁机贩卖木材牟利。权三司使赵玭廉得知这个消息后，上书弹劾赵普。翰林学士卢多逊素来与赵普不和，便趁机攻击那些与赵普有姻亲关系的臣子，说他们经营邸店牟利，排挤朝中大臣，为政独断专行等。宋太祖大怒，赵普渐渐失宠。后宋太祖命令翰林院学士拟圣旨驱逐赵普，幸好有王溥上奏求情赵普才免于被迁。

八月，赵普被调出京师，出任河阳三城节度使、检校太傅、同平章事。

宋太祖灭南唐

南唐自宋立国以来，便一直向宋称臣进贡。建隆二年（961），南唐中主李璟去世，其子李煜继位。

李煜精通书法、绘画，通晓音律，善赋诗文，是一位才华横溢的艺术家。他继位后，不理政事，整日沉迷于风花雪月、诗词音律之中。李煜的前期词作，继承了温庭筠、韦庄等花间词人的传统，风格迤逦，柔媚宛转；后期的词作，由于生活的剧变，充满了凄凉悲壮的亡国之音，极富艺术感染力，对后世词坛影响深远。

作为一国之君，李煜却无心国事，为了免除宋朝对他的戒心，他还主动向宋太祖上表，表示自己愿意去掉国号，改称"江南国主"。但是这些都不能阻止宋太祖一统中原的决心。

开宝七年（974），宋太祖遣使召李煜入朝。南唐群臣极力反对李煜入朝，认为此去凶多吉少，李煜便称病不去。

此前，南唐有一个名叫樊若水的文人，因屡次举进士不第，便上书李煜求取功名，未被李煜采纳，他心怀不满，于是决计投靠宋朝。樊若水知道，宋讨伐南唐是迟早的事，自己投宋，必须得有拿得出手的东西。伐南唐，长江是必经之地，要攻占金陵，采石矶是最佳据点。

樊若水准备了大量丝绳，来到采石矶边上假装垂钓。他将丝绳尾部系上石头，将石头扔进长江里，然后在水流淹没的地方给丝绳做上标记，然后再用尺子去量丝绳的长度，这样他就量出了采石矶周围的水深。之后他又将丝绳拴在南岸，牵着绳子坐船驶向北岸，他往返了几次，最终量出了长江的宽度。

掌握了长江的水文资料之后，樊若水将其绘制成图呈现给宋太祖，并献上浮桥渡江的计策。赵匡胤大喜，先令学士院为樊若水单独举行考试，赐进士及第，授舒州团练推官。不久，赵匡胤又任命樊若水为赞善大夫。

宋太祖见伐南唐的条件都已具备，于是派曹彬率水军南下，并采用樊若水的计策，在采石矶用数千只船搭成浮桥，潘美率宋军主力轻松渡江，于开宝八年（975）开始围攻南唐国都金陵。

此时金陵城外宋军旌旗飞扬，远望长江江面上，也都是宋军的旗号。李煜见宋军已经兵临城下，连忙派出大臣徐铉出使汴京，请求太祖罢兵。徐铉对宋太祖说："李煜侍奉陛下，是以小事大，如同儿子侍奉父亲，并没有什么过失，陛下为什么要征伐他呢？"

太祖说："你的君主既然待朕如父，朕待他如子，父子本是一家，分成两家，行吗？"徐铉无言以对。

次月，徐铉再次出使开封，带上重礼祈求太祖退兵。徐铉对赵匡胤说："李煜身体有疾，未能亲来拜见陛下，并非故意抗诏。"赵匡胤怒道："你不用再说了，你们的确没有什么罪，但是天下一家，我的卧榻旁边，怎么能容得下别人鼾睡？"徐铉再不敢言，辞归江南。

不久，金陵城被宋军攻破，李煜率百官出城投降。

有人劝宋太祖杀掉李煜，但他不以为意："他远在千里之国时，手握十万之师，仍旧被我擒获。如今他孤身客居于此，他能干什么？"宋太祖封李煜为违命侯，从此李煜从一国之君变成了阶下囚。

李煜是一个无能的、庸碌的国君，缺少治理国家的抱负与才干，但与此同时，他又是一个极其出色的文人，他在国破家亡之后，所作的词作多反映亡国之悲痛，题材广阔，意境深远。其中诸多词作脍炙人口，诸如《虞美人·春花秋月何时了》《相见欢·无言独上西楼》《浪淘沙令·帘外雨潺潺》等。在李煜降宋后几年，回首往事，追忆故土，他写下了这篇有名的《破阵子》：

四十年来家国，三千里地山河。凤阁龙楼连霄汉，玉树琼枝作烟萝，几曾识干戈？

一旦归为臣虏，沈腰潘鬓消磨。最是仓皇辞庙日，教坊犹奏别离歌，垂泪对宫娥。

太平兴国三年（978）七夕，李煜的生辰，他吟出了那首流传千古的"春花秋月何时了，往事知多少……"，宋太宗因为词中含有"故国不堪回首月明中"一句，认为其对宋氏心怀不满，赐毒药将其鸩杀，李煜含恨而终。

有钱何必使相

曹彬，字国华，宋朝第一良将。曹彬为人谦敬宽厚，讨伐后蜀、南唐，丝毫无所取，虽位极人臣，却从不以权威凌驾于人。

他率领大军攻打南唐时，中原大地已经都对宋朝俯首称臣。此时攻取南唐，已是瓮中捉鳖，手到擒来。然而，曹彬在击退几路南唐大军后，包围了金陵城，却迟迟不向金陵城发起进攻。

曹彬曾屡次向南唐后主李煜表示过，只要他肯率军降宋，必会得到善待，也绝不会屠戮金陵城的百姓。李煜却十分担忧，迟迟不敢答应。

金陵许多将领纷纷投降，曹彬认为时机已经成熟，可以发起总攻。在进攻前夜，曹彬忽然宣称自己得了疾病，许多将领赶来探望他。曹彬趁机对他们说："我的病不是靠吃药就能解决的，只需要诸位发自诚心，立誓城池攻克之日不妄杀百姓，我的病自然就好了。"

众将听曹彬如此说，便都纷纷答应，焚香起誓。

第二天，曹彬的病情逐渐好转。又过了一天，宋军一日之内便攻克了金陵城，众将也遵守自己的诺言，不妄杀百姓，金陵城保持了往常的宁静。

攻破金陵后，李煜请降。李煜先拜见潘美，后拜见曹彬。曹彬派人迎接，请李煜到船上喝茶聊天。上船只有一块木板，李煜胆小不敢行走，曹彬便令人背他上船。曹彬告诉李煜，回去收拾行装时，要多带一些金银珠宝，到了汴京，花钱不如金陵城方便。李煜听了很受感动。潘美等人听说曹彬要放李煜回城收拾东西，害怕李煜会在途中自杀，他们担不起罪责。曹彬却说:"你们放心,李煜不会自杀。他是怕死的人,怎么会有勇气自杀呢?"

当初宋太祖派曹彬征伐江南时,曾对曹彬说道:"等到你攻克了南唐,朕就封你做使相。"

平定江南归来,副帅潘美等人向曹彬表示祝贺:"将军劳苦功高,看来使相非你莫属了。"

曹彬说:"此次出师大捷,于上我们倚仗着先祖保佑,于下我们依靠众将士齐心合力,最终才能成事。我虽然身居统帅之位,有幸得胜归来,我哪有什么功劳,更何况是使相这样的品级呢?"

潘美说:"天子无戏言,既然攻克了江南,那加封是顺理成章之事。"

曹彬回答道:"事情没有那么简单,还有太原刘继元未平呢!"

大军俘虏李煜,回到汴京。论功行赏的时候,宋太祖对曹彬说:"我本来打算封你做使相,但是北汉刘继元未平,你还是再等一段时间吧。"

听到这些话,潘美在一旁偷偷看着曹彬微笑。宋太祖发现了,追问潘美窃笑的原因。潘美不敢隐瞒,据实以告。宋太祖听完大笑,赐给曹彬银钱五十万。曹彬拜谢太祖,对诸将说道:"当官也不过是为了多得钱财罢了,又何必非做使相呢。"不久之后,曹彬被太祖任命为枢密使、检校太尉、忠武军节度使。

斧声烛影

开宝九年（976）十月十九日夜，天降大雪。宋太祖赵匡胤病重，命人召晋王赵光义进宫议事。赵光义急忙来到大内，赵匡胤屏退左右宫人，兄弟俩举杯共饮。

宫女和宦官只能远远地站着，在烛光的影子中隐约看到殿内的情景。他们可以断断续续听见太祖嘱咐赵光义，声音十分轻微，令人无法辨别。烛影摇红，或暗或明。他们看到赵光义似乎离了席，在殿内逡巡退避。继而又听到太祖用柱斧敲击地面，发出"咚咚"的声音，并且高声说："你好好做！"

不一会儿，赵光义辞出，太祖就寝。赵光义传唤内侍，请皇后皇子等人速到殿内来。大约四更天，人陆续到齐，大家走近太祖的床前一看，便齐声悲号出声。原来宋太祖已经晏驾。

这时宋皇后和皇子德昭、德芳等，在太祖榻前痛哭不已。内侍王继恩来到近前，劝说宋皇后，并向她说明昭宪太后曾有遗命，要求太祖传位于晋王，并且将遗诏封存于金匮之内。现在可以将金匮打开，拿出遗诏来看。现在必须由晋王来继承皇位，为太祖治丧。

宋皇后听闻此言，索性更加号啕大哭，愈发伤感。赵光义瞧不过去，赶紧劝慰他们母子。宋皇后不禁哭泣着对赵光义说："我们母子的身家性命，全部托付给官家（宋朝皇帝的专称）了。"赵光义哭泣着说："自当共享富贵，无须多虑！"宋皇后这才稍稍缓解自己哀伤的心情。

北宋政权的第一次交接便是以这种戏剧化的"灵前继位"的形式完成

的。第二天，三十八岁的晋王赵光义正式即位，是为宋太宗，大赦天下，并且于十月二十日改元"太平兴国"。按照惯例，新皇登基之后，当年一般会沿用前任皇帝的年号，到次年正月才会改元。而宋太宗迫不及待地改元，致使一年之内出现两个不同的年号，这在中国历史上是十分罕见的。这也从侧面表明宋太宗急欲实施自己治国方略的意图。

这一段便是历史上有名的"斧声烛影"事件，历来关于这一事件的描述也不尽统一，由于关于该事件的记述多为一些"声""影"的含糊描述，人们无法确切知道到底发生了什么，直到今日，整个事件仍旧疑云密布。

历来关于"斧声烛影"的争论，都离不开两点。

其一，宋太祖赵匡胤的真实死因，以及宋太祖之死与宋太宗有无关系。其二，金匮之盟是否真实存在，传位于弟是否是宋太祖本人意愿。这桩千古悬案史学界尚未盖棺定论，然而，在开宝九年十月十九日那个风雪夜发生的事情，对整个宋王朝的走向乃至整个中国历史都产生了至关重要的影响。

"陈桥兵变""金匮之盟"和"斧声烛影"被称为宋初三大疑案。

宋太宗的文治"工程"

有宋一朝，思想文化模式最显著的特点便是"文物之治"。

宋太宗赵炅（即赵光义，继位后为避赵匡胤的讳而改名为此）和宋太祖赵匡胤都是武将出身，赵炅即位后，他仍然遵循太祖定制的"先南后北"的方针，力求实现自己的"武功"，实现全国大一统，来彰显自身实力，摆脱兄长太祖的影响。

然而雍熙北伐的彻底失败，让好大喜功的太宗遭到了沉重的打击。他虽然没有实现自己的"武功"，但是却开展了轰轰烈烈的"文治"。他曾用太祖之言"王者虽用武功克定，终须用文德致治"来自我安慰。

宋太宗是一个文化爱好者，他喜爱读书，好吟诗作赋，爱好书法，无论是草书、隶书、行书，还是八分、篆书，他都有很深的造诣。

首先，为了更好地把控朝政，宋太宗大量提拔自己的幕僚亲信如宋琪、程羽、贾琰等人到朝廷担任要职，一步步替换掉太祖时期的元老重臣。对于在太祖朝获罪的臣民，他大量赦免。

太平兴国二年（977），宋太宗举行了继位后的第一次科举考试，此次科考录取人数远远超过前朝，多达五百余人，仅进士科就有一百零九人。太宗不断订立各种仪式制度，提高进士的身价地位，如在琼林苑赐宴，在东华门唱名赐第等。太宗着意栽培重用科举录取的进士，授予他们京官职务，一时间，天下士子云集响应，将科举之路作为自己鱼跃龙门的最大跳板，甚至一些已经在位的官员，也主动参加科举考试。取得进士的人被提拔得很快，其至十几年就能做到宰相。

宋太宗大肆重用文士，他亲自挑选翰林学士知制诰，这些职位也被称为"词臣"，这些词臣中很多人被提拔成宰相、参知政事、枢密使等要职。宋太宗还派文官去军中担职。

太宗对文化的重视还体现在重新修建崇文院，用以收藏各种图书、典籍、珍品绘画等等。此外，他还组织编修了《太平御览》《文苑英华》《太平广记》等大型图书，为后世官家修书做出了榜样。

正因为宋太宗对文化高度重视，亲身示范，使有宋一朝文化之风盛行，三百年来涌现出一批又一批著名的文化人物，如苏轼、苏辙、王安石、欧阳修、柳永、黄庭坚、辛弃疾、陆游、李清照等等，他们当中有很多人正是通过科举考试在政坛上崭露头角的。

钱俶纳土归宋

钱俶，原名钱弘俶，字文德。五代十国吴越国的最后一位君主，在位三十年。

开宝七年（974），宋太祖讨伐江南，命令钱俶一同出兵伐南唐。李煜修书一封给钱俶："今日我若被灭，明日您又岂能苟安？一旦宋天子让您在别的地方任职，大王您也不过是一介布衣罢了。"钱俶却把李煜的来书送给了赵匡胤，赵匡胤封他为兵马大元帅，率兵助宋进攻常州。

金陵城被攻破，李煜投降宋朝。南唐亡国，吴越国唇亡齿寒，钱俶此时有了危机感。于是吴越国更加小心翼翼地向宋朝贡，年年都会增加进贡的礼品，只求偏安一隅。

太平兴国三年（978），钱俶来汴京朝贡。到了京城，宋太宗设宴款待钱俶，让刘鋹和李煜作陪。钱俶此时心中的滋味难以名状："今日他二人陪我，明日我又会去给何人作陪呢？"

此时，平海节度使陈洪进入朝觐见，向宋奉上《纳地表》，并献出泉州、漳州两郡及其所辖一十四县，结束割据状态，归顺宋朝。

钱俶更加不安，他也赶紧上奏宋太宗："臣蒙受朝廷的恩赐，得以佩剑上殿，诏书不名，让臣领导募集士兵，建一国之号，这些都不是臣应得的。臣请求免去我吴越国王及天下兵马大元帅之职，以后诏书上愿直呼我的名字。"宋太宗看了奏表，未予批准。

钱俶不知太宗为何不准，自己一行人来到汴京两个月了，太宗也一直不发话让自己回到杭州。随行大臣崔仁冀告诉钱俶："如今朝廷的意旨，已经不言自明，大王若是不速速纳土归宋，恐怕会招来祸事。"钱俶左右的人都认为此举万万不可，因为一旦献出国土，一切都没有了。崔仁冀继续严厉地说道："如今我们君臣的身家性命，都已经在宋主手中了，吴越距此地有千里之远，除非是长上翅膀飞走，否则如何能逃走？不如见机行事，纳土归宋，免除自己的危机。"钱俶知晓崔仁冀提此建议是因为已经无从选择了，于是同意纳土归宋。

于是，钱俶再次上表宋太宗：

> 臣俶庆遇承平之运，远修肆觐之仪，宸眷弥隆，宠章皆极。斗筲之量，实觉满盈，丹赤之诚，辄兹披露。臣伏念祖宗以来，亲提义旅，尊戴中京，略有两浙之土田，讨平一方之僭逆，此际盖隔朝天之路，莫谐请吏之心。然而禀号令于阙廷，保封疆于边徼，家世承袭，已及百年。今者幸遇皇帝陛下，嗣守丕基，削平诸夏，凡在率滨之内，悉归舆地之图，独臣一邦，僻介江表，职贡虽陈于外府，版籍未归于有司；尚令山越之民，犹隔陶唐之化，太阳委照，不及葎家，春雷发声，兀为聋俗，则臣实使之然也。罪莫大焉！不胜大愿，愿以所管十三州，献于阙下执事，其间地里名数，别具条析以闻，伏望陛下念奕世之忠勤，察乃心之倾向，特降明诏，允兹至诚。谨再拜上言。

宋太宗看了钱俶的奏表，当然笑纳，还下诏褒赞钱俶：

> 表悉！卿世济忠纯，志遵宪度，承百年之堂构，有千里之江山。自朕纂临，聿修觐礼，睹文物之全盛，喜书轨之混同，愿亲日月之光，遽忘江海之志。甲兵楼橹，既悉上于有司，山川土田，又

尽献于天府，举宗效顺，前代所无，书之简编，永彰忠烈。所请宜依，借光卿德！

第二天，太宗又封钱俶为淮海国王，至此，南方完全统一到赵宋王朝治下。端拱元年（988）八月，钱俶生辰，太宗特别赐宴，结果钱俶于当夜突然暴毙。

大事不糊涂的吕端

吕端,字易直,史书记载他从政期间颇为谨慎,有宋太宗的"大事不糊涂"之评价。太平兴国四年(979)正月,宋太宗决定出征北汉。按照惯例,天子御驾亲征或者巡幸在外,需要由储君监国。当时赵廷美任开封府尹,宋太宗应该留赵廷美在京城监国。

时任开封府判官的吕端劝赵廷美说:"主上亲身犯险,您是圣上的亲弟弟,应当作为表率随军亲征,如果留在京城掌管事务,恐怕不妥。"赵廷美听了恍然大悟,主动向宋太宗提出要随军出征。宋太宗立刻同意。

吕端看出了宋太宗并不放心赵廷美一人在京城监国,所以他的一番话,立刻解决了宋太宗的心头之患。

当时吕蒙正任宰相,宋太宗打算立吕端为相。有人就对宋太宗说:"吕端为人处世太糊涂。"太宗说:"吕端小事情上糊涂,大事不糊涂。"决心立他为相。吕端当上宰相后,为人老成稳重识大体,把清廉节俭当作为官最重要的事。

当初,西夏李继迁在西部扰乱边境,宋出兵攻夏。保安军捕获了李继迁的母亲,宋太宗准备杀掉她。宋太宗召寇准前来商议此事,议事完毕,寇准回家时路过相府。吕端心想皇帝肯定与他商议了什么大事,便邀请寇准进府,对他说:"圣上的高见你不准备告诉我吗?"寇准说:"并没有什么大事。"吕端道:"边境的事,我不必知道,但是军国大事,我作为宰相,不能不知道。"寇准便将李继迁母亲的事情告诉了吕端。吕端问:"那圣上打算如何处置呢？"寇准说："打算在保安军北门外斩首，警示犯上作乱之人。"吕端说："此计不妥，希望你稍缓几天处理，我会向皇上复奏此事。"

吕端前来拜见宋太宗，说："昔日项羽捕获刘太公，打算烹杀他。高祖说：'请分我一杯羹。'一般做大事的人都不顾自己的亲人，何况李继迁这种悖逆之人。陛下今日杀掉李继迁的母亲，明天就能擒获李继迁吗？如果不能，那是白白结了仇怨，会更坚定他反叛的决心。"太宗问："那应该怎么办呢？"吕端说："依臣的愚见，将其母安置在延州善待，来招降李继迁。即使不能让他马上投降，也可以使其忧心，他母亲的性命在我们手中。"太宗听完大声说好："要不是爱卿，差点就误了我的大事。"于是采用了吕端的计策。后来李继迁的母亲病死延州，李继迁也病死，他的儿子归顺了宋朝，这里面有吕端的功劳。

宋太宗的儿子赵元佑发疯后，赵元僖两年后也暴毙，襄王赵元侃被立为皇太子，并改名赵恒。

至道三年（997），宋太宗病重时，吕端进宫探视，发现太子赵恒不在太宗身边，当即起了疑心。于是，他在笏板上用毛笔写了"大渐"两个字，派人紧急送给太子赵恒。时隔不久，宋太宗驾鹤西去。此时，内侍王继恩进宫来对吕端说："李皇后召见宰相，请宰相速到中书，商议由谁来继承大统。"

吕端知道宫中有变，恐怕李皇后有意废除太子，于是对王继恩说："先帝已经提前写好了遗诏，藏在阁楼中。麻烦您和我一道去取。"王继恩听说太宗有遗诏，大为紧张，便想赶紧将遗诏弄到手，如果传位的人不是赵元佐，便立刻毁掉。

二人一同来到书阁，王继恩急忙进去。他一进去，吕端立刻将门关上并落了锁。吕端连忙入宫，李皇后已在那里等候，见到吕端独自前来，她十分惊讶地说："皇帝已晏驾，立嗣应立长，这是自古以来顺理成章的事，您看呢？"吕端说："先帝之所以要立太子，就是为了今天！岂容他变！"李皇后无奈，只能奉太子到福宁殿即位，垂帘引见群臣。

吕端站在殿下，不拜，害怕有人冒充太子。于是奏请卷帘，等确认殿上是真太子之后，才率领百官跪拜。太子赵恒得以顺利登基，是为宋真宗。

吕端为人宽厚大度，虽然仕途坎坷，却从不介怀。李惟清从掌管枢密院改为御史中丞，猜想自己是受了吕端的打压，于是常常弹劾中伤吕端。吕端说："我一条直道行走，没有什么可畏惧的，流言蜚语对我不足为虑。"

德昭之死

宋太宗赵炅曾在太祖灵前许下"共保富贵"的承诺。他即位之初，弟弟赵廷美（即赵光美）被任命为开封府尹兼中书令，封齐王，后改为秦王，时年三十岁；太祖的次子赵德昭为永兴节度使兼侍中，封武功郡王，时年二十七岁；太祖的四子赵德芳为山南西道节度使、同平章事，时年十七岁。宋太宗还将他们与自己的子女、赵廷美的子女一并称为皇子、皇女。

显然，这些举措都是宋太宗在刚刚登基称帝，人心不安的情况下做出的安抚人心的举措。但是这时候宋太宗仍然认为自己的帝位并不稳固。

太平兴国四年（979），宋太宗御驾亲征攻辽，赵德昭随征。结果宋军在高梁河之战中惨败，宋太宗中箭受伤，下落不明。宋军一时群龙无首，人心惶惶，大家奔走相告，许多人怀疑宋太宗已经遇难。国不可一日无君，于是军中有人提议推立赵德昭为皇帝。武功郡王赵德昭是太祖的子嗣，由他继位名正言顺。

宋太宗及时赶回，才阻止了这件事的发生。但是这一事件却在宋太宗的心里埋下了猜忌的种子，他认识到，赵德昭、赵德芳两人是赵匡胤的嫡子，赵廷美是自己和赵匡胤的亲弟弟，这些人都是名正言顺的皇位继承人，只要他们在，就会对自己产生威胁。

宋军班师回朝后，宋太宗十分不悦，他此次出征是为了提高声望，震慑民心，谁料几乎全军覆没，士气大减。因为北伐失利，故而太宗没有对平定北汉的功臣论功行赏。宋军将士议论纷纷，个个心怀不满。赵德昭为了安抚军心，便建议太宗对将士们进行赏赐。

宋太宗听完怒斥道："战败归来，还有什么功劳，什么赏赐？"

德昭说："我军虽然征辽失利，但终究扫除了北汉，不能一概而论，还是应该论功行赏。"

宋太宗声色俱厉地说道："等你当了皇帝，想赏赐再赏吧！"

德昭听了此话，回去后惶恐不安，竟自刎而死，年仅二十九岁。

太宗闻讯后立即赶到德昭府中，抱尸痛哭道："傻孩子何至于此啊，我只是一时气话，何必当真寻短见呢？"于是下令以亲王礼安葬德昭，追赠中书令，追封为魏王。

涪陵之祸

宋太祖的两个儿子相继去世后，对太宗构成威胁的就只剩其弟赵廷美一人。

宋太宗征讨北汉之时，赵廷美也随军出征，归来后，他被晋升为秦王。此时天下人默认宋太宗会效仿其兄长赵匡胤"兄终弟及"，赵廷美是皇位的第一顺位继承人。

赵德昭、赵德芳兄弟的相继死去，已使赵廷美倍感压力，他于是更加战战兢兢，如履薄冰。然而，太平兴国六年（981）九月，有人告发赵廷美"将有阴谋"。宋太宗没有展开调查，而是召见了前宰相赵普。赵普当即表示"愿备枢轴，以察奸变"。

赵普此时前来，带来了一份文件，这便是史上有名的"金匮之盟"的书面文件。这是金匮誓书第一次露面，此前从未有人听说过。这份盟约证明了宋太宗继位实乃"名正言顺"。

赵普素来与宋太宗不睦，此时抛出金匮誓书，令宋太宗大为喜悦，他将赵普看作是可信赖之人。赵普明白太宗的心意，因此当太宗试探性地征询将来传皇位于赵廷美一事时，赵普断然说道："自古皇位都是父传子，太祖当年如果肯听信臣的话，今天就不是您做皇帝了。当年太祖已经犯的错误，如今陛下还要再犯吗？"这番话深得太宗的心，赵普与太宗深谈后，两人冰释前嫌，赵普也得以重登相位。

当时的宰相卢多逊与赵廷美交好。当有人再次告发赵廷美意图犯上作乱时，赵普亲往调查，得出赵廷美与卢多逊互相勾结、暗通机密的结论。如卢多逊曾说过"愿官车早晏驾（希望皇帝早点死）"，好尽心尽力侍奉赵廷美等话，赵廷美还赠送卢多逊许多财物等等。

宋太宗借此契机，除去了心头之患。卢多逊被削去官职，流放至海南。赵廷美则被软禁在自己府邸，其子女的皇室宗族的称号也被削去。然而，赵普认为对赵廷美的处分还是太轻，怕其东山再起，便唆使开封知府李符上书，要求将其迁到偏远郡县。于是，赵廷美被降为涪陵县公，安置在房州。赵普又害怕李符泄密，便以李符用刑不当为名，将其流放到春州。一年后，李符死去，其死因不明。

雍熙元年（984），赵廷美被迁到房州两年后，郁郁而终了，年仅三十八岁。宋太宗贬黜赵廷美的这一事件被史书称为"涪陵之祸"。赵廷美死后，宋太宗还宣称赵廷美是乳母陈国夫人耿氏所出，并非杜太后亲生。

至此，对宋太宗皇位有威胁的人全部被铲除。

元佐焚宫

宋太宗即位之后，为确保皇位能传给自己的儿子，先后铲除了宋太祖的儿子赵德昭、赵德芳和自己的弟弟赵廷美。然而，在继承人的问题上，他还是饱受挫折。

宋太宗最初打算立自己的长子赵元佐为太子，据说他长相肖似太宗，而且聪明机敏，善骑射，太宗也着力培养元佐，封他为楚王。李皇后曾有一子，早早夭折，膝下无子，她也偏爱赵元佐。可见，赵元佐是最理想的皇位继承人选。

然而，赵元佐与其皇叔赵廷美感情甚笃，昔日太宗迫害赵廷美时，赵元佐便屡屡为赵廷美申辩，但太宗一律置之不理。不过这让宋太宗产生了疑虑：如果元佐当上了皇帝，会不会为赵廷美平反？到雍熙元年（984），赵廷美的死讯传回时，元佐悲愤不已，竟然精神失常，常常刀棒伤人。

雍熙二年（985）的重阳节，宋太宗设宴招待诸位皇子。因为赵元佐病未痊愈，所以太宗没有召他入宴。等到宴席结束后，宋太宗次子赵元僖去元佐府中看望他。赵元佐得知父亲与诸位皇子宴饮，却唯独没有叫自己，一时气愤难当，酒后发狂，一把火焚烧了宫室，借此来表达自己对父亲的不满。宋太宗十分震怒，将赵元佐贬为庶人，也断绝了自己要立他为皇太子的想法。于是继承人的位置就落在了赵元僖的头上。

雍熙三年（986），宋太宗让赵元僖接任开封府尹，并兼侍中之职。这实际上表明太宗已经属意赵元僖成为继承人。后来雍熙北伐失败，赵普上《班师疏》得到太宗赏识，赵元僖便建议太宗再次任用赵普为相。赵元僖拉拢了赵普，自己也得以晋封许王，皇储的地位进一步巩固。

然而淳化三年（992），赵元僖突然暴病身亡。宋太宗十分悲痛，追赠他为皇太子。就这样，宋太宗两个最适合继承皇位的儿子都无缘储君，立储一事被搁置了两年。

知子莫若父

自从赵元僖暴毙，宋太宗再没有提起立储一事。然而他昔年征战时所受的箭伤常常发作，身体每况愈下，所以立储一事不得不又提上日程。

淳化五年（994），时任参知政事的寇准入朝，太宗问他："我的哪个儿子可以继承大统呢？"寇准说："陛下您是为天下人选择君主，绝不可以与妇人、宦官和近臣商议此事，只愿陛下可以选择符合天下人期望的人。"

宋太宗低头想了很久，屏退左右，对寇准说："你看襄王（赵元侃）怎么样？"寇准回答："知子莫若父，圣上既然认为可以，就请立即决定。"

于是太宗让赵元侃出任开封府尹，改封为寿王，并正式立其为皇太子，改名赵恒。赵恒被立为皇太子之后，京城的百姓们见到他，都喜悦地簇拥着他大呼道："真是少年天子啊！"宋太宗听闻后非常不悦，又急忙召寇准入见，说："四海之心都归属太子了，那将朕置于何地？"

寇准再拜贺道："陛下亲自选择了将来的社稷之主，这是百姓之福啊！"太宗听完龙颜大悦，把这话告诉自己的妃嫔们，尔后他又出来邀请寇准饮酒，大醉方休。

外臣不得干预内政，所以尽管宋太宗亲自向寇准征求皇储的人选，寇准的回答却是十分谨慎的，他未直接提出立储人选，只是劝太宗早日拿主意。当太宗提出想立自己的三儿子赵元侃为太子时，寇准一句"知子莫若父"，委婉地向太宗表示了自己的支持。

宋太宗立储一事从此尘埃落定。赵恒就是后来的宋真宗。

寇准：立朝侃侃，直道靡顾

寇准，也就是民间传说中的"寇老西儿"，字平仲，北宋政治家、诗人。他少年便有才名，通晓诗书。

太平兴国五年（980），当时才十九岁的寇准便考中进士，取得了参与殿试的资格。宋太宗选拔人才，经常亲自去殿前询问，年纪小的人往往不予录用。有人便告诉他在太宗询问的时候虚报几岁年龄。寇准说："我正谋求进取，怎么能欺瞒圣上呢？"果然寇准凭借才学一举中第，被授大理评事一职。

寇准在朝中以敢于直谏著称。端拱二年（989），有一次在朝中议事，寇准与太宗意见不合，太宗十分生气地站起来，准备回宫。寇准急忙拉住太宗的衣袖，让太宗坐下来继续议事，直到议事完毕才离开。宋太宗因此嘉许寇准："朕有寇准，就像唐太宗有魏徵一样。"

淳化二年（991）春天，天大旱，太宗召集近臣问时政得失，众人都说这是天数。寇准说："根据《洪范》的推演，天人互相感应，大旱的原因是因为刑法有不公平的地方。"宋太宗听后很不高兴，转身便离开了。

但太宗还是召寇准进前，询问他哪里不公平。寇准说："请陛下召中枢和枢密使前来，臣立刻便说。"当着他们的面，寇准才说："不久前，这两个人皆贪赃枉法，祖吉受贿赂少却被杀头，而王淮因为是参知政事王沔的弟弟，盗窃自己主管的财物近千万，却只是受了杖刑，最后还官复原职，这不是不公平吗？"

太宗向王沔问及此事，王沔立刻叩首谢罪，于是太宗狠狠斥责了王沔。

自此，太宗认为寇准可堪大用，于是封寇准为左谏议大夫、枢密副使，改同知院事。

一天晚上，寇准与温仲舒一同回家，路上遇到一个疯癫的人，在二人马前大呼"万岁"。与寇准关系不好的张逊便唆使王宾上书弹劾寇准。寇准拉来温仲舒作证人，张逊却令王宾只奏一人，二人言辞犀利，在朝堂上互相揭短。宋太宗大怒，将张逊贬为右领军卫将军，将寇准贬为青州知州。

寇准离开京师后，宋太宗常常思念寇准，闷闷不乐，经常对左右的人说："寇准在青州过得快乐吗？"宦人回答道："寇准在好的藩地，应当吃不到苦。"过了几日，太宗又问寇准的近况。左右之人揣测太宗的意思，恐怕是想把寇准召回来重新任职，因此回答道："陛下您思念寇准，听说他日日纵酒，不知道他是不是也思念陛下呢？"宋太宗沉默不语。第二年，他将寇准召回，封他做参知政事。

当时，宋太宗正为立储君一事而发愁，冯拯等人上书要求册立太子，太宗很生气，就把冯拯贬到岭南去了。寇准从青州回京师的时候，宋太宗昔年所受箭伤已经恶化，一见到寇准，便动情地说道："爱卿为何来得如此缓慢？"寇准回答："臣不奉召不敢入京师。"君臣二人一时伤感，回忆往事，唏嘘不已。

宋太宗虽然说他得寇准如同唐太宗得魏徵，但是他并不像太宗信任魏徵那样信任寇准。其中一个原因便是寇准的夫人是宋太祖的皇后的幼妹。当初太祖薨逝，宋皇后急召德芳入宫，想要他登上帝位，这令宋太宗耿耿于怀。宋皇后死后，太宗下令不得以皇后礼下葬。由此可见，太宗的胸襟气度，远在其兄赵匡胤之下。

澶渊之盟

至道三年（997），宋太宗驾崩，时年五十九岁。赵恒继位，是为宋真宗。

宋真宗即位后，在政治方面，注意任用贤臣，修明政治，虚心纳谏，加大对官员的考核力度；在经济方面，推广善政，减免赋税，重视农业发展，使宋王朝经济出现了前所未有的繁荣，被称为"咸平之治"，咸平是宋真宗使用的第一个年号。

一直以来，宋、辽关系紧张，太宗多次亲征，不但未能攻破辽朝，反而使宋朝国力遭受重创。太宗晚期，宋、辽边境冲突稍微和缓了一些，这是因为辽朝正在韬光养晦，等待合适的时机进攻宋朝。

咸平二年（999）冬天，辽军大举南下，进攻宋朝。辽朝士兵在边境大肆掳掠，屠杀百姓，给边境人民带来了深重的灾难。遂州守将杨延朗率军积极抵抗，宋真宗在大臣的鼓动下御驾亲征，之后辽军撤退，使宋军误以为自己得胜。这次进攻辽朝其实为的是一探宋军虚实，他们认为宋朝除了杨延朗等几位守将之外，没有什么真本领了。

景德元年（1004），辽朝的萧太后与辽圣宗耶律隆绪亲率二十万大军侵入宋境。辽军经保、定二州，直抵澶州城下，不仅河北的大片领土落入辽军之手，连都城开封也受到了辽军铁骑的威胁。大宋朝野上下一片哗然，宋军边境告急的文书一天五至，宋朝君臣全部慌乱不已。

此时，担任参知政事的王钦若建议宋真宗迁都金陵，署枢密院事陈尧叟则建议真宗去成都避难。然而刚刚上任的宰相寇准却平静如常。宋真宗询问他的意见，寇准说："如果用这两个人的计策，则会使人心崩溃，敌军深入内部，那么天下还保得住吗？"寇准要求宋真宗御驾亲征，鼓舞三军士气，安抚民心。

朝堂上爆发了激烈的讨论，有人反对宋真宗御驾亲征，赞同迁都，均遭到寇准的斥责。御驾亲征的提议得到了宰相毕士安和武将高琼的支持，宋真宗即使内心不情不愿，但仍不得不同意御驾亲征。寇准还设法将主张迁都的王钦若等调离京师，也由此和王钦若结下了梁子。

十二月，宋真宗一行人北上到达澶州，辽军早已屯兵于此。宋军听说辽朝的萧太后虽然已经年过半百，仍然戎装上阵，亲自为辽军将士擂鼓助威，辽朝军队士气高扬。

此时，寇准和禁军将领高琼力劝宋真宗巡视北城，以鼓舞宋军士气。宋真宗心中十分不乐意，便一直不表态。最后高琼当机立断，不待上报便将宋真宗的车驾驶向北城。尽管宋真宗心中忐忑，但是他还是登上了城楼。当皇帝真身出现在北城城楼之上时，城下的宋军与百姓一齐欢呼，士气大振，声闻数十里。一时间，集聚在澶州附近的军民多达几十万人。

巡视结束，宋真宗回到南城行宫，将军事大权交给寇准，由他留在北城来指挥作战。宋真宗时时关注着寇准的动向，常派人打听寇准的行踪举止。寇准一面密切关注军情，一面与知制诰杨亿成日饮酒下棋，表现得十分泰然自若。宋真宗看到寇准这样，显然是心中有数，他于是说："寇准整日这样，我还忧心什么呢？"

此时，留守在京城监国的雍王赵元份突然暴病身亡，于是宋真宗将军事大权全权交由寇准处理，自己回到京师。

两军在澶州相持数十日，辽军孤军深入，粮草供应不济，渐渐显出疲态。而宋军凭借守城的优势，以逸待劳，形势一片大好。就在这时，宋军将士张瑰使用床子弩射杀了辽将萧挞凛，辽军顿时气势受挫。

萧太后见形势已经于辽军不利，便谋求与宋朝讲和。这正中宋真宗下怀。早在御驾亲征之前，真宗便已派遣曹利用去辽营议和，但苦于没有机会。当萧太后表达议和意愿时，真宗立即再派曹利用赴辽营。

寇准坚决反对议和。他认为辽军已是强弩之末，宋军应当乘胜追击，收复失地。宋军将领杨延昭也坚决主战。但是一些朝臣看出真宗有心议和，便联合起来攻击寇准拥兵自重。寇准无奈之下，只好同意议和。

辽朝提出的议和条件是：宋朝归还瓦桥关以南的土地。真宗愿意赏赐辽朝一些金银玉帛，但不答应领土要求。寇准则认为无须赐给辽朝钱财，还应该向他们要还燕云十六州。宋真宗急于求和，认为寇准的建议会再启战端，没有采纳。他派曹利用去谈判，说："只要可以讲和，可以给他们一百万的钱财。"

寇准警告曹利用，只要议和条件超过三十万，就要曹利用的命。最终，曹利用以三十万的条件谈成了。宋辽双方订立了合约，史称"澶渊之盟"。盟约规定：

一、宋辽约为兄弟之国，辽圣宗年幼，称宋真宗为兄，后世仍以齿论。

二、宋辽以白沟河为界，双方撤兵。

三、宋朝每年向辽送绢二十万匹，银十万两。

四、双方与边境设置榷场，开展互市贸易。

曹利用回京之时，宋真宗派宦官询问议和结果。曹利用伸出三个手指，宦官误报成三百万两。真宗大吃一惊，说："太多了，太多了。"但转念想既然议和成功，也还可以接受。后来真宗得知实际金额只有三十万，大喜过望，还重赏了曹利用。

"澶渊之盟"结束了两国的敌对状态，此后一百二十年间，宋、辽两国维持了和平休战的局面，为此后宋朝得以长时间社会安定、经济发展创造了条件。然而对于宋朝而言,"澶渊之盟"是一个屈辱性的条约,承认辽朝政权的存在,没有实现宋太祖、宋太宗一统天下的夙愿,还开启了输送"岁币"的滥觞。这导致两宋王朝积贫积弱,此后的君王不思奋进,反而常以输金纳币来寻求苟安,使国家背上了沉重的负担。

宋真宗"天书"封禅

"澶渊之盟"签订之初，宋真宗沾沾自喜，认为南北和平是件大好事，未曾考虑到盟约的后续影响。他认为宰相寇准在此役中立下大功，便更加倚仗他。

在此前辽朝进攻宋朝时，曾经主张迁都金陵的王钦若被寇准言辞呵斥，对寇准深怀不满，便伺机挑拨。有一天早朝，寇准因事提前退朝，宋真宗目送他很远。王钦若对真宗说："陛下敬畏寇准，是否因为他对社稷有功？"真宗说："是。"王钦若问："澶渊之役，陛下不以为耻，却认为寇准对社稷有功，为什么？"

宋真宗听后愕然。

王钦若接着说："城下之盟，《春秋》以之为耻，澶渊之盟就如同当年的城下之盟，陛下以万圣之尊约为城下之盟，这实在是奇耻大辱啊！"真宗听了面露不悦之色。王钦若本义是贬损寇准，却不小心戳中了真宗内心的隐疾。

王钦若又说："陛下听说过赌博吗？赌徒在钱快要输光的时候，就会将自己所有的身家拿出来赌一把，这就叫孤注一掷。澶渊之役时，寇准让您亲临澶渊，便是将您作为孤注，这可是非常危险的啊！"

真宗听了王钦若这番话，果然对寇准渐生猜忌，最终罢去寇准的宰相之位，将他贬出京城，让他任陕州知州，改用王旦为相。同时，澶渊之盟被王钦若称为奇耻大辱，也让真宗忧心不已，他询问王钦若如何做才能一雪前耻。

王钦若对真宗说，只有举行封禅大典，才能镇服四海，夸示外国。

"封禅"是指帝王到泰山举行盛大的祭天仪式。"封"为祭天，"禅"指祭地，这是古代帝王的最高大典，用以彰显自己所创的万世基业。由于封禅大礼劳师动众，耗费巨大，此前仅有秦始皇、汉武帝、汉光武帝、唐高宗、武则天、唐玄宗六位帝王曾举行过封禅大典。

一般来说，封禅泰山需满足两个条件。第一，建立不世功业，国家处于太平盛世；第二，天降祥瑞。显然，当时的宋真宗并不满足以上两个条件。但是，宋真宗好大喜功，竟然和王钦若商议起封禅的计策来。

封禅要有祥瑞降世，王钦若便提出人造祥瑞的办法："天瑞何处可得呢？前代之所以有天瑞，是靠人力办成的。只要人主把他崇奉起来并昭示天下就可以了。古时的'河出《图》，洛出《书》'，实际上就是圣人以神道来教化百姓罢了。"

举行封禅礼必须要得到朝中重臣的支持。王钦若曾将真宗意欲封禅之事告诉宰相王旦，但是王旦并未表态。一天，真宗召王旦进宫赴宴，王旦临走时，真宗送了他一坛酒。王旦回到家，打开酒坛一看，坛中竟然装满了珍珠。王旦立即明白了真宗的意思，自此，不再对真宗封禅一事有异议。除了王旦，真宗还给朝中多位大臣赏赐了珠宝。

景德五年（1008）正月初三，宋真宗与大臣们朝会，突然有人来报，说承天门上挂了一块黄绢。真宗便对群臣说："去年冬天十一月的晚上，朕正欲就寝，忽然屋中放光，有一位神仙降世对我说：'明年在正殿建一个月的黄箓道场，上天就会降下天书《大中祥符》三篇。'朕正准备同神人说话，那神人却消失了。自去年十二月，朕就在朝元殿建了道场。刚才皇城司来报，说有黄绢挂在承天门，像是绢书，这可能就是上天所降的天书。"群臣听完立刻跪拜，向真宗表示祝贺。

真宗率领群臣步行到承天门，对天连拜三次，派遣官人将"天书"取下。只见那块黄绢上写道："封受命。兴于宋，付于慎，居其器，守于正，世七百，九九定。"此外还有三幅黄色字条，写的是真宗以孝道承大统，务以清净节俭，可使国祚延年等等。宣读完毕后，真宗命人将"天书"放入金柜，在崇政殿设宴款待群臣。

受"天书"影响，真宗下了几道诏令，改元"大中祥符"，大赦天下，改左承天门为承天祥符等等。上行下效，一时间全国各地的"祥瑞"层出不穷。六月，王钦若又称在泰山降下天书。于是王旦多次率领文武百官上表，请求真宗举行封禅大典。

大中祥符元年（1008）十月初四，真宗率领大队人马浩浩荡荡前往泰山封禅。历经十七天，到达泰山。真宗在泰山举行了一系列极为复杂的仪式，终于完成了封禅大典，实现了自己的宏愿。

大中祥符四年（1011），群臣再次上表请求到汾阳祭祀后土。于是真宗又带领浩浩荡荡的人马从京城出发去汾阳祭祀后土。

此后，宋真宗在大臣王钦若、陈尧叟、丁谓等的撺掇下，又陆陆续续举办了多次这种迷信活动，大兴土木，耗费了许多人力物力，对宋朝的财政产生了重大影响，以至于将宋太祖、宋太宗两朝的积蓄挥霍殆尽。宋真宗是中国历史上最后一位举行封禅的皇帝，《宋史·真宗纪》评价真宗天书封祀是"一国君臣如病狂"。明代思想家李贽也说："堂堂君臣，为此魑魅魍魉之事，可笑，可叹！"

王旦荐寇准

景德三年（1006），因王钦若等人的谗言，寇准被罢免宰相，贬出京城。宋真宗改用王旦为宰相。王旦与寇准同为太平兴国五年（980）进士，寇准经常在真宗面前数落王旦的不是，但是王旦每次见到皇帝，都夸赞寇准的才能。真宗对王旦说："你虽然经常称赞寇准，寇准却专门说你的坏处。"王旦说："这是本来应当如此的事情。臣在相位久了，必然有很多过失。寇准对陛下无所隐瞒，更能显出他忠诚刚直，这就是我看重寇准的原因。"因此，真宗也更加看重王旦了。

中书起草的文件送到枢密院，有的格式不合格，寇准在枢密院任职，便向皇帝禀报此事。王旦因此被真宗批评。王旦拜谢，中书的官吏都受了处罚。不到一个月，枢密院有文件送到中书，同样格式不合诏令，书吏很高兴，把文件呈给王旦看。王旦命人把文件送还给枢密院，寇准非常惭愧，见到王旦说："你我同年进士，你真是度量宽宏啊。"王旦笑而不答。

寇准被罢免枢密使的时候，曾托人向王旦求情，希望他向真宗推荐自己做使相。王旦大惊："将相的重任，怎么可以索求呢？我不接受私请。"寇准觉得非常遗憾。不久，寇准被任命为中书门下平章事。寇准进宫拜见皇帝："若不是陛下了解我，我哪能到今日呢？"真宗便将王旦举荐他的事一一告诉了寇准，寇准十分惭愧，自叹气量不如王旦宽宏。

天禧元年（1017），王旦病重，上表真宗请求辞去宰相一职。宋真宗向他询问宰相的人选。王旦说："最了解臣子的莫若君主，只有明主自己选择合适的人。"真宗推荐了几个人,王旦都没有回答,真宗问:"爱卿认为谁比较合适呢?"王旦说:"臣以为,这些人都不及寇准。"真宗说:"寇准个性太过刚强固执,还有其他的人选吗?"王旦说:"其他人就不清楚了。"

  宋真宗与王钦若伪造"天书",策划封禅一事时,王旦从未提出过反对意见,任由此荒唐行径一而再再而三地上演。但此后,王旦一直为自己没能劝阻真宗封禅感到十分后悔,死前曾嘱咐后人剃光自己的头发,让自己身着缁衣入葬。天禧元年(1017)十月,王旦去世,时年六十一岁。

寇准复相

宋真宗大搞"上天书"活动时,耗费了大量人力物力,他内心也有些不安,怕得不到百姓支持。此时有人提出,若是使在民间声望很高的寇准出面支持,一定能使百姓信服。于是,真宗便命素来与寇准交好的宦官暗示寇准"上天书"。寇准平素秉性刚直,起初不愿意参与这种荒唐的活动。

寇准的女婿当时在内阁当官,他极力怂恿寇准,暗示他只要愿意上天书,便可重登相位。最终,寇准没有抵挡住名利的诱惑,加入了上天书行列。天禧元年(1017),寇准奏报有天书降于乾祐山,真宗对寇准的这一行径表示十分满意,便让寇准重登相位。

然而,寇准通过"上天书"这种荒唐行径得到了宰相之位,他在民间的声望也大打折扣了。

丁谓,字谓之,淳化三年(992)进士,此人机智多谋,工于算计。寇准十分欣赏他的才气,曾向时任宰相的李沆多次推荐丁谓,但李沆不喜丁谓的人品,就是不用。他对寇准说:"你看丁谓的为人,难道可以让他做上位之人吗?"寇准说:"像丁谓这样的人,难道能够长久屈居他人之下吗?"李沆说:"日后你会想起我这句话的。"

丁谓在寇准复相之时,担任了参知政事的副相之位,由于此前寇准曾举荐过他,故而他和寇准私交不错。有一天,两人在政事堂用餐,寇准不小心将菜汤沾到了胡须上。丁谓便顺手为他擦拭干净。没想到寇准心直口快,打趣他说:"你现在已经高居参政之位了,怎么还为官长清理胡须呢?"丁谓听了非常尴尬，从此怀恨在心，还扬言要报复寇准。

天禧三年（1019），宋真宗得了风疾，精神状态很不稳定，刘皇后便常常代替他处理政事。此前，宋真宗已经立自己唯一的皇子赵祯为太子，随着自己病情加剧，真宗也有意将皇位传给太子。

真宗与宦官周怀政商议此事，周怀政将真宗的意思告诉了与他关系要好的寇准。于是寇准便找到机会与真宗说："皇太子是人心所向，希望陛下考虑到宗庙社稷之事，传位给太子，选择品行端正的臣子辅佐他。丁谓、钱惟演都是奸佞之人，不可以让他们辅佐少主。"真宗表示同意，寇准便密令翰林学士杨亿起草表章。此事十分机密，杨亿连夜撰书。谁料寇准酒后失言，消息被泄露。

丁谓得到消息，便将此事报告给刘皇后，二人合谋要罢免寇准。史书记载此时真宗健忘症发作，不记得曾答应寇准让太子监国的事，实际上是刘皇后此时已经牢牢把控朝政，真宗无能为力而已。

寇准再次被罢相，被贬为太子太傅，封为莱国公。寇准被罢相后，周怀政感觉到了危机，便决定铤而走险，发动政变。他打算联合周怀信、杨怀吉、杨崇勋等人，杀掉丁谓，用寇准为宰相，奉宋真宗为太上皇，要求其传位给赵祯，并以干预政事为由罢掉刘皇后。结果此事也遭败露，丁谓将此事上奏给真宗和刘皇后，周怀政被杀。

受到此事牵连，寇准被贬为道州司马，真宗去世后，刘皇后垂帘听政，寇准又被贬到更为偏远的雷州。乾兴二年（1023），寇准在雷州去世，时年六十二岁。

狸猫换太子

后世关于有宋一朝"狸猫换太子"的故事流传极广，实际上这是古典小说《三侠五义》中的故事，最早出自元杂剧《金水桥陈琳抱妆盒》。据故事记载，宋真宗的皇后去世后，当时的刘妃和李妃都怀有身孕，宋真宗说谁先生下儿子谁就有可能成为皇后。刘妃唯恐李氏生了儿子被立为皇后，便与宫中总管郭槐合计，趁李氏分娩之时，用一只狸猫调包了真正的太子。刘妃命宫女勒死太子，但宫女于心不忍，暗中将太子保全下来，由太监陈琳送往八贤王处抚养。真宗看到李妃诞下一只狸猫，便将其打入冷宫。后来，刘妃产下一子，被立为太子，刘妃也成为皇后。六年后，太子夭折，真宗没有子嗣，便将八贤王之子收为义子，立为太子，就是后来的宋仁宗。

所谓的刘皇后本名刘娥，益州华阳人，十几岁嫁与银匠龚美为妻，夫妻二人于雍熙年间到京城谋生，龚美继续做银匠，刘娥靠打鼗鼓赚钱。因生活困难，龚美便打算将刘娥改嫁。真宗少年时对蜀地女子非常感兴趣，于是府中给事张耆便向真宗介绍了在当地小有名气的花鼓女刘娥。

刘娥深得赵恒欢心，赵恒将她接回府中。太宗听说此事后勃然大怒，便命人将刘娥驱逐出府。赵恒却偷偷将刘娥藏在张耆家中。刘娥在张耆家中饱览各种典籍，研习经卷。直到宋太宗去世，真宗继位，刘娥才被接回皇宫。刘娥生性机敏，靠着自己八面玲珑的性格在宫中步步高升，大中祥符五年（1012），刘娥被册立为皇后。

宋真宗有过五个儿子，却都先后夭折，刘皇后也一直没有生育。真宗偶然宠幸了刘皇后的侍女李氏，李氏顺利生下了一个儿子。真宗对外宣称此子是刘皇后所出，取名赵受益（即赵祯），刘皇后视赵受益如己出，与杨淑妃共同抚养。

宋真宗十分疼爱赵受益，天禧二年（1018）中秋节，下诏册立八岁的赵受益为皇太子，并改名赵祯。

赵祯的生母李氏，后来晋位为宸妃，于明道元年（1032）去世。刘太后原本打算以普通宫女的礼仪为她治丧，宰相吕夷简说，赵祯总有一天会知晓自己的真实身世，若想以后保全刘氏家族，现在就应该厚葬李氏。刘太后立即领悟，于是让李氏身着皇后官服下葬，并用水银灌棺。

刘太后垂帘听政

乾兴元年（1022）二月，宋真宗去世，时年五十五岁。十三岁的赵祯继位，是为宋仁宗。

事实上在真宗晚年，刘皇后已经协助真宗处理过不少朝政。宋仁宗继位时过于年幼，刘太后便开始垂帘听政，成为宋王朝的实际掌权者。在刘太后辅政的十多年里，她创造了不少政绩，《宋史》评价："当天圣、明道间，天子富于春秋，母后称制，而内外肃然，纪纲具举，朝政亡大阙失。"

刘太后听政后，将"天书"同宋真宗一起下葬永定陵，并且下令禁止建造各种宫观，彻底结束了在真宗晚期愈演愈烈的迷信活动，将宋朝的政治经济发展推上了正常的轨道。

真宗晚年，刘太后曾联合丁谓、曹利用等人，将反对她专政的寇准一派击败。但是刘太后深知权臣结党营私的危害，所以她在主政时，将丁谓罢相，贬至崖州。天圣七年（1029），又治曹利用谋反之罪，逼迫曹利用自杀。她注重澄清吏治，惩治贪官污吏，提拔任用贤能，在她执政期间，涌现出诸如王曾、吕夷简、范仲淹等一代名臣。

宋朝商贸日益发达，传统的金属货币已经很难满足商业流通的需要，在益州地区出现了作为货币流通的交子。刘太后见这一事物对经济发展、繁荣商贸起到了积极作用，便在益州成立官办交子务，批准发行"官交子"。交子是世界上最早使用的纸币，它的出现推动了宋朝经济的发展，具有开创意义。

此外，刘太后还注重农业生产的发展，兴修水利，兴办州学；对外，她与辽朝保持友好关系，并几次攻打西夏，保证了边境的安定和平。在刘太后的治理之下，宋朝的经济、政治、文化等方面都较之真宗时期更为繁荣。

刘太后垂帘听政之初，曾许诺仁宗成年之后便还政于他。但是她晚年越发迷恋权力，直到仁宗二十岁时，也没有还政的意思。刘太后曾经想效法武则天登上帝位，有一次，刘太后问参知政事鲁宗道："唐朝武后是个什么样的人？"鲁宗道一听，立即明了刘太后话外之意，他坚决地说道："武则天是唐朝的罪人，她危害了唐朝的社稷！"刘太后听后，沉默无语。

当时朝堂已有不少人支持刘太后称帝，立刘氏七庙，鲁宗道提醒道："如果立刘氏七庙，置将来的皇帝于何地？"最终，刘太后还是放弃了称帝的想法。三司使程琳献上一幅《武后临朝图》，刘太后将书册扔在地上，对众人说："我不做这种有负祖宗的事！"

明道二年（1033）二月，刘太后身着衮袍祭祀太庙。此时的刘太后已经意识到自己将不久于人世，所以仍旧决定一偿自己穿天子衮冕的夙愿。三月，刘太后去世，时年六十四岁。

刘太后临死时，数度用手牵扯身上的衣服，仁宗不解其意。参政薛奎说："太后是不想泉下见到先帝之时，身穿天子之服。"仁宗恍然大悟，给太后换上了皇后官服入殓。最终，刘太后还是没能圆自己的天子梦。

废后风波

宋仁宗到了适婚年龄，本想娶王蒙正的女儿，但是被刘太后阻止了。后来仁宗选皇后，他一眼看上了大将军张美的曾孙女张氏，但刘太后却主张将郭崇的孙女郭氏立为皇后，张氏被封为才人。郭皇后仗着有太后撑腰，在后宫里横行无忌，让仁宗非常不满。

刘太后去世后，郭皇后失去靠山，但她专横跋扈的个性却没有收敛，处处与后宫嫔妃争风吃醋。当时仁宗十分宠幸后宫中的尚、杨两位美人，郭皇后对此大为不满，经常找她们的麻烦。有一次，郭皇后与尚美人起了争执，宋仁宗急忙过来劝架，郭皇后正举掌欲打尚美人耳光，谁想到一掌打在仁宗的脖子上，仁宗的脖子上立时现出两条血痕。

仁宗被打后，宦官阎文趁机说："在普通老百姓家，妻子尚且不敢欺凌丈夫，陛下贵为天子，竟然被皇后打，这成何体统？"加之尚美人在一旁煽风点火，宋仁宗便动了废后的念头。仁宗招来与郭皇后素来不和的宰相吕夷简前来"验伤"，吕夷简立刻游说仁宗废后。

但自古以来，废后是一件大事。宋仁宗要废后的消息立刻在朝堂上引起轩然大波。御史中丞孔道辅、谏官范仲淹、同知谏院孙祖德、侍御史蒋堂等十余人联名上书，称"后无过，不可废"，反对宋仁宗废后。吕夷简抢先命有司不得接纳台谏奏章，宋仁宗颁布诏令，称皇后因为没有子嗣，自愿入道观修道，特封为净妃、玉京冲妙仙师，赐名清悟，在长宁宫休养。

诏书一下，朝野震惊。孔道辅、范仲淹等大臣集体到皇帝寝宫门口进谏，要求仁宗收回诏令。宋仁宗自觉理亏，拒不召见，让前来进谏的大臣们去中书与宰相对话。

孔道辅、范仲淹等人到了中书，孔道辅质问吕夷简说："臣子之于皇后，犹如儿子之于母亲，父母不和，做儿子的应该劝他们和解，怎么能只顺从父亲不要母亲呢？"吕夷简却说废后一事，古已有之，汉唐都有先例。孔道辅怒斥道："大臣应该引导圣上成为尧舜那样的明主，为什么要引这种失德的事件为例？"群臣也纷纷指责吕夷简。吕夷简招架不住，匆忙离开。

第二天，孔道辅等人入朝进谏，仁宗突然发出诏令，将为首的孔道辅、范仲淹等大臣贬出京城，一些大臣被罚俸禄半年。废后一事就此尘埃落定。

庆历和议

明道元年（1032），夏王李德明去世，他的儿子李元昊继任。李元昊少年英武，文武双全，志向宏大。景祐五年（1038），李元昊正式称帝，定国号为"大夏"，史称西夏。

为了让宋朝承认西夏政权的独立存在，李元昊遣使上表，提出军民请愿夏建立邦国，所以自己登皇帝位，希望宋朝赠送西郊的领土，并且册封他为南面之君。

宋朝君臣都无法容忍西夏的挑衅行为，一致认为应该马上攻打西夏。宋仁宗宣布除去李元昊所有官职，并重金悬赏捉拿他。李元昊得到宋朝的否定答复，在1040年至1042年三年间，对宋朝发动了三次大规模战争。

康定元年（1040），李元昊率大军进犯延州，拉开了宋夏大规模战争的序幕。延州守城范雍连忙召刘平、石元孙前来救援，刘、石二人率两万大军行至三川口，遭到李元昊伏击。经过两天的激战，宋军伤亡惨重，刘、石二人被俘。刘平被俘后，誓死不降，大骂李元昊："我头颈三尺长，等着你来砍呢！"最后刘平病死在西夏。李元昊围城七天，所幸天降大雪，西夏军怕补给不足、后路被斩，于是主动撤兵。

庆历元年（1041），李元昊再次举兵进攻大宋，他亲自率领十万大军进攻渭州。仁宗派韩琦、范仲淹、夏竦等人应战。然而范、韩二人战略决策相左，李元昊采取声东击西的计策，使宋军落入了西夏的陷阱，宋军再次惨败。仁宗盛怒之下，将韩琦、范仲淹二人都贬了官。

庆历二年（1042），李元昊第三次攻打宋朝。李元昊又采取声东击西的策略，兵分两路，一路攻打宋夏边境，全歼迎战的九千宋军；一路进攻关中平原，遭到景泰率领的宋军的负隅顽抗，李元昊的计划宣告失败，但是三战使宋朝遭受了严重的损失，疲于迎战。

宋朝在军事上无法完胜西夏，于是只得谋求议和。西夏在战争中也损耗巨大，于是见好就收，接受议和。

庆历四年（1044），宋夏两国达成协议，史称"庆历和议"，协议规定：

一、夏取消帝号，西夏作为宋朝的臣国，宋封其为夏国主；

二、宋朝每年给西夏绢十三万匹，白银五万两，茶两万斤；每年节日还需赐给西夏白银两万两千两，绢两万三千匹，茶一万斤；

三、双方不得再讨要战争中被俘的将士和百姓，也不能追要逃人；

四、西夏在战争中攻占的宋朝领地和边境蕃汉居住区从中间划界，双方可在本国领土上自由建筑城堡。

庆历和议达成后，宋夏两国维持了近五十年的和平，为双方的经济发展创造了条件，西夏国力日渐强盛。在宋夏交战之际，辽朝也趁机作乱，夏、辽双方也连番恶战。这样，宋、辽、西夏渐成三足鼎立之势。

庆历新政

宋仁宗时期，国家的官僚队伍越来越庞大，形成了冗官冗员的局面，官员办事效率低下，百姓生活困苦，边境又时常遭到辽和西夏的骚扰，宋朝的社会危机日益严重。内忧外患的困扰之下，宋仁宗迫切想做出改变，以摆脱危机。

庆历三年（1043），宋仁宗下令召回范仲淹，封他做参知政事，与担任枢密副使的韩琦、富弼共同执政，欧阳修、蔡襄、王素、余靖等同为谏官，这些人面对国政的萎靡，早就有了变革图强的强烈愿望。

当年九月，宋仁宗颁布手诏，明确要求范仲淹、韩琦、富弼等人献计献策。范仲淹于是向仁宗上表《答手诏条陈十事》，针对宋朝政治存在的弊端，他提出了十条措施。

一、严明官吏的升降。改革只讲资历不问政绩的"文资三年一迁，武职五年一迁"的官员磨勘制度，把政绩作为考核标准，以免官员冗费，尸位素餐。

二、限制官员子弟侥幸入仕。宋初以来的恩荫制度使官僚体系滥进的人越来越多，大量官员无所事事，无所作为。此举限制官员子弟凭借恩荫进入仕途，防止官僚子弟垄断官职。

三、改革科举制度。原来进士科只注重诗赋，明经科只要求死记硬背儒家经典，现在改为进士科注重策论，明经科注重阐释经义，为国家选拔真正有真才实学的人。

四、慎重选择地方长官。谨慎选拔知州、知县、转运使等地方长官，注重百姓休戚，爱惜百姓，使一方安宁。

五、调整官员的职田分配，保障官员生活条件的基础上，"责其廉节，督其善政"。

六、重视农业生产。要求各地方官重视兴修水利，发展农业，将农业生产状况作为官员考核标准。

七、修整武装力量。在京畿招募精兵，每年三个季度从事生产，一个季度组织训练，寓兵于农，节省养兵费用。

八、减轻人民徭役负担。合并人口稀少的县邑，减少徭役，释放劳动力去耕作。

九、落实朝廷的惠民政策。朝廷颁发的减免赋税、大赦天下等惠民政策，要求各部门严格落实，并派人监察实施情况，从而取信于民。

十、慎重对待和发布命令。一旦颁布，必须遵守，重振朝廷的信誉。

范仲淹的建议受到了仁宗的高度重视，仁宗采纳了范仲淹的建议并结合其他几位大臣的上书，颁布了多条诏令，正式开始改革。史称"庆历新政"。

新政实施之初，取得了一定成效，朝中很多正直的大臣都对改革举措赞不绝口。但是改革举措触动了贵族官僚的利益，受到了这些人的阻拦。为了维护自身利益，他们编造谣言，疯狂攻击和恶意丑化新政，最终，仁宗面对反对派的刁难，开始犹疑和退缩，使改革草草收场。范仲淹也被贬官到邓州。

庆历新政历时仅一年零四个月，便无疾而终。

朋党之争

景祐三年（1036），范仲淹因不满当朝宰相吕夷简把持朝政，任人唯亲，他向仁宗进献了一幅《百官图》，图中将官员的资历、政绩一一列出，并向仁宗解释："这样是按照次序升官，那样是不按照次序升官，如此为公，如此为私。"同时他还建议仁宗应该对宰相吕夷简的权力有所限制，用人不能全凭宰相一人定夺。吕夷简知道之后非常愤怒，便伺机报复。吕夷简诬蔑范仲淹离间群臣，勾结朋党。二人就此展开辩论，但范仲淹不是吕夷简的对手，最终范仲淹被贬为饶州知州。

范仲淹被贬后，集贤校理余靖上疏为范仲淹求情，结果亦遭贬黜；馆阁校勘尹洙接着上书，结果还是被贬黜；欧阳修写信给高若讷，斥责他身为谏官，对范仲淹被贬一事装聋作哑，高若讷将信上交朝廷，结果就是欧阳修也一并被贬。

朝中之人皆忌惮宰相吕夷简，范仲淹被贬出京城时，竟无人敢送，只有龙图阁直学士李紘、集贤校理王质出郊饯行。自此之后，凡是与范仲淹有关联的人，都被斥为朋党，加以贬逐。

景祐四年（1037），吕夷简被革除宰相之职，朝中不断有人为范仲淹辩白，朋党争论四起。

康定元年（1040）三月，因边防战事吃紧，范仲淹被召回京师。他与韩琦等人一起领军对抗西夏，由于与韩琦意见不合，中了西夏军队的埋伏，仁宗盛怒之下将二人贬职。

庆历三年（1043），仁宗再次召回范仲淹，封他做参知政事，着手进行改革。

仁宗提拔新的宰执班子之时，曾打算让夏竦担任枢密使，但遭到欧阳修、余靖、王拱辰等台谏的反对，所以仁宗改为任用杜衍为枢密使，夏竦为亳州判官。国子监直讲石介在《庆历圣德颂》中用"大奸之去"来描述夏竦未担任枢密使一职之事，夏竦怀恨在心，从而成为新政的坚决反对者。

知谏院欧阳修在新政开始不久，就上书指责御史台官"多非其才"，从而开罪了以王拱辰为首的御史台官，使王拱辰一行人也站到了新政的对立面。

新政实行之初，反对派官员虽然有诸多不满，但是对改革派还有所忌惮，不敢公开反对。于是他们把矛头指向与改革派关系密切的官员，诸如滕宗谅等人。

庆历四年（1044），监察御史梁坚上书弹劾滕宗谅和张亢二人，说两人贪污公使钱，范仲淹极力为好友辩护，不惜辞去参知政事的职务。反对派王拱辰坚决支持弹劾，便也提出辞呈。滕宗谅曾上书仁宗，指责仁宗流连后宫，宠幸尚、杨二美人。这令仁宗很不愉快，所以仁宗便将滕宗谅、张亢二人贬官。

改革派与反对派矛盾日益凸显，朝中官员纷纷站队。仁宗对朝中的派系斗争有所察觉，便试探问范仲淹的看法："自古以来只有小人会结为朋党，难道君子也会结党吗？"范仲淹回答说："我在边防之时，见到骁勇善战的人聚在一起，怯懦的人也聚在一起。在朝廷上，有正有邪，只要结党做好事，那对国家有什么坏处呢？"欧阳修向仁宗上了一篇《朋党论》，力证范仲淹的观点，指出"退小人之伪朋，用君子之真朋，则天下治矣"。欧阳修上书本为回击保守派的诬陷，然而却触到仁宗的忌讳。

此时，夏竦也从中作梗，派人偷偷修改石介写给富弼的信，将信中"伊、周之事"改为"伊、霍之事"，有暗示改革派结党专权的意思。范仲淹、富弼对此事深感害怕，六月，边事再起，于是二人自请出朝巡边，范仲淹出任陕西河东宣抚使，富弼出任河北宣抚使。十一月，仁宗下诏，表示"至治之世，不为朋党"，指出有人"阴招贿赂，阳托荐贤"，范仲淹见到诏书立即请辞。

庆历五年（1045）正月，反对派言辞更加激烈，范仲淹于是请求出知邠州兼陕西四路缘边安抚使，仁宗准奏，罢去其参知政事职务；富弼也被罢去枢密副使职务，出任京东西路安抚使、出知郓州。

不久，朝廷推行的改革政策也纷纷废除，至此，庆历新政伴随着朋党之争而落下帷幕。

种世衡反间除贼

种世衡,字仲平,北宋著名的武将,他文韬武略,屡立战功,一手创立种家军,在宋夏战争中立下汗马功劳,令世人景仰。

当初,种世衡在青涧城时,李元昊还未臣服,他手下有两员猛将,野利刚浪棱、野利遇乞兄弟,二人均具有才能谋略,对外号称大王。这二人统帅着西夏的精英部队,对宋朝构成很大的威胁。种世衡一直想设法除去他二人。

野利刚浪棱派心腹浪埋、赏乞、媚娘等三人到宋营拜见种世衡,假装投降。种世衡一看便知是诈,说:"与其杀掉他们,不如留下他们作为离间之用。"于是,种世衡假装十分信任他们,让浪埋担任监税,自由出入军营,很是优待他。

当时种世衡手下有个名叫王光信的和尚,他颇为熟悉西北地区的山川道路。于是种世衡上奏朝廷,让王光信担任三班借职,并趁机给他改名为王嵩。种世衡写了一封信给野利兄弟,用蜡封好并缝在王嵩的里衣里,并嘱咐王嵩不到万不得已绝不可泄露这封信,如果泄露,要说对不起将军大恩,不能帮助将军成大事。种世衡又将一幅画有龟的画,一袋枣送去给野利,喻其"早归"之意。

野利刚浪棱见到王嵩,看到画和枣,推知必定有书信,就问王嵩。王嵩却咬死说没有。野利大为恐惧,就在自己住所将王嵩擒住,上交李元昊。李元昊对王嵩严刑拷打,王嵩仍不发一言。李元昊遂命人将王嵩推出斩首,王嵩大叫道:"我对不起将军,误了将军的大事啊!"李元昊忙派人追问,王嵩拿出里衣里的书信。信上写道，浪埋等人已到，朝廷知道大王有归汉之心，将任命他为夏州节度使，俸钱每月一万缗，皇帝赐给的旌旗节钺已到，督促他尽早归附。

李元昊于是怀疑野利兄弟对自己有二心，不让他们返回自己的治所，并将王嵩禁锢在井中，李元昊暗中派心腹李文贵装作野利的人去见种世衡，验定真假。种世衡命捉来的西夏兵前去辨认，西夏兵叫出来人的姓名，确认是李元昊的人。于是种世衡召见李文贵，把他当作野利的人盛情款待，待其回去之际又送了一份厚礼。

李元昊以为野利兄弟是真的背叛了自己，便以谋反的罪名杀了他们，如此一来正中种世衡的下怀，他巧妙地使用反间计除掉了这个宋朝的心头大患。

包拯唾溅帝面

包拯，字希仁，庐州人，北宋名臣。因为人正直刚毅、清正廉洁，不慕权贵、铁面无私，被民间传说盛赞为"包青天"。

皇祐二年（1050），包拯任天章阁待制、知谏院。当时宋仁宗十分宠幸张贵妃，短短几年就将她从才人提拔为贵妃。张贵妃出身低微，所以在宫中打算为自己的娘家人争取一点位分。张贵妃的伯父张尧佐担任三司使，张贵妃打算让仁宗提拔他为宣徽使。某日上早朝时，张贵妃对仁宗说："官家今天不要忘了提宣徽使的事情啊。"宋仁宗无奈地说："知道知道。"

宋仁宗在朝堂上宣布这项任命后，却遭到包拯等人的极力反对。包拯认为张尧佐不务正业，无大才能，于是上表仁宗弹劾他，说其"是非倒置，职业都忘"，朝中其他大臣也纷纷附议。仁宗只好免去张尧佐的三司职务，改命他为宣徽南院使、淮康军节度使、景灵宫使、同群牧制置使。

但是包拯仍旧反对这项任命，他再次上表，请求仁宗收回成命，还劝说百官与自己一起向仁宗进谏。仁宗迫于压力，便免去张尧佐的宣徽南院使和景灵宫使两项职务，保留了淮康军节度使和同群牧制置使两项职务。

张贵妃对此不甚满意，于是在仁宗面前说情，仁宗又再次任命张尧佐为宣徽南院使。包拯得知后，再次面见仁宗，与仁宗据理力争，由于情绪太过激动，唾沫都溅到了仁宗脸上。仁宗无奈，只得放弃，并且表示此后若给张尧佐升迁，必定听取台谏的意见。

仁宗回来后，张贵妃主动迎上去，还没来得及说话，仁宗见到张贵妃，才举起袖子擦干自己脸上的口水，对张贵妃说道："今天包拯在殿上，唾沫都直接喷在我的脸上。你只管要宣徽使，你难道不知道包拯是御史中丞吗？"张贵妃也不好再提此事。

这个故事表现了包拯正直无畏、敢于直谏的可贵品质，同时也体现了宋仁宗作为一朝君主的容人雅量。正是因为宋仁宗天性仁厚、知人善任，所以在仁宗一朝，出现了大量的治世能臣，如范仲淹、富弼、韩琦、文彦博、包拯等；在文学方面，涌现了诸如欧阳修、王安石、苏轼、苏辙、苏洵、曾巩、王安石等文学大家；书法、绘画方面，也是名作不断。此外，仁宗一朝在思想领域、科学技术方面较之前代都有了极大的发展。

黥面将军狄青

狄青，字汉臣，北宋著名武将。他出身于贫寒的农民家庭，自小习武，十六岁时参军。

狄青入伍之后受到范仲淹的赏识，范仲淹亲自赠送《春秋左传》给他，并说："为将不知晓古今之事，只是空有匹夫之勇罢了。"仁宗也非常赏识狄青，准备任命他为枢密副使。宋朝时征兵为避免士兵逃亡，会在士兵脸上刺印。狄青是普通士兵出身，所以脸上也有刺印留下的黑色疤痕。仁宗建议他将脸上的刺印除去，狄青却说："陛下宽宏大量，不计较我出身卑微。我愿意保留脸上的黥文，鼓励军中将士为国效力。"

皇祐四年（1052）五月，西南地区壮族首领侬智高举兵谋反，一路杀到邕州，宣布建立大南国，自立为帝。之后侬智高又连克十余个州，令宋廷大为伤脑筋。

这时狄青主动请缨，仁宗大喜，于是任命狄青为宣徽南院使、宣抚荆湖南北路，将所有平南的事务都交由狄青负责。

狄青领命后，看到宋军军纪不严、士气低迷的状况，便决心整顿军纪。他到达前线后，命令诸将士不得贸然出战，把不听命令的三十多名将士当众斩首，令军中纪律大为改观。此外，狄青见岭南的将士比较迷信，便准备了一百枚制钱，在出征前拜神祈福，对众将士说："此战如能获胜，这一百枚制钱都将正面朝上。"将士们大为惶恐，认为根本不可能发生，便纷纷阻止。

狄青不顾众人阻拦，将一百枚制钱抛撒出去，谁知这一百枚制钱果真个个正面朝上。将士们大为振奋，坚定了此战必胜的信心。狄青于是命人将制钱用钉子钉在地上，说："待我军凯旋，再来收回制钱。"其实那些制钱两面都是正面，但狄青这一计却使得军中士气大增。

最终，狄青率军杀敌数千人，大败侬智高的叛军。狄青在平定大南的战役中立下大功，受到仁宗的重用，被破格提拔为枢密使。

有宋一朝向来主张"以文治武"，枢密使一职极少由统军将领担任，所以仁宗这一决议遭到众臣子们的极力反对，一时弹劾文章不断。仁宗为狄青辩护，说他是忠臣，宰相文彦博反驳道："太祖难道不是周世宗的忠臣吗？"仁宗无言以对。最终，嘉祐元年（1056），仁宗拗不过宰执班子的意见，将狄青贬到了陈州。

狄青一生为国尽忠职守，战功显赫，令敌人闻风丧胆，却因宋朝文臣的猜忌被贬。在陈州不过半年时间，狄青便抑郁而终，年仅四十九岁。一代良将，落得如此悲惨的下场，实在令人唏嘘。

宋仁宗立储风波

宋仁宗曾有过三个儿子，长子赵昉、次子赵昕、三子赵曦皆年幼时夭亡，此后生了十多个女儿，但一直没有儿子。仁宗快四十岁的时候，在朝臣们的劝说下，仁宗将濮王赵允让的第十三子赵宗实接到宫中，由曹皇后抚养。

至和二年（1055），宋仁宗病重，立储一事再次摆在了宋朝君臣的面前。宰相文彦博请求仁宗早立太子。仁宗自知时日无多，便答应了文彦博的请求。后来仁宗病情有所好转，便又将立储一事搁置了。

嘉祐二年（1057），宋仁宗再次突然犯病，令群臣惶惶不可终日。谏官范镇于是给仁宗上疏请立太子，奏章上了几次，仁宗却迟迟没有回应。范镇仍不放弃，只要见到仁宗便陈说立太子之事，前前后后十九次上疏，直到头发胡子都渐渐白了。

仁宗病愈后，骨瘦如柴，眼见生子无望。此时翰林学士欧阳修，御史中丞包拯、吕景初、赵抃，知制诰吴奎、刘敞等人纷纷上疏请立太子，宰相文彦博、富弼、王尧臣也力请仁宗早定大计，但仁宗还是不听。

嘉祐三年（1058），韩琦任平章事。韩琦请仁宗早做决议，但仁宗以后宫中有后妃即将分娩推脱，结果后妃生下的仍旧是女孩。御史中丞包拯说："东宫虚位已久，天下以此为忧，天地万物都有根本，而太子就是天下的根本，根本不立，祸患就大了。"仁宗问包拯："卿打算立谁呢？"包拯说："臣乞求立太子，是为国家大计考虑。陛下问臣想立谁，是怀疑我。我已经年过七十，没有儿子，并不是想为后代谋求什么。"仁宗听了便说："此事慢慢再考虑吧。"嘉祐四年（1059），赵宗实的生父赵允让去世，这让一直以来不肯下决心立储的仁宗心思有些动摇。

嘉祐七年（1062）八月，司马光上疏说："臣曾提出立太子，以为很快便能定，至今无果。必是有小人说'陛下春秋鼎盛，不必考虑此不祥之事'，小人无远虑，是想在仓促之际选择自己交好的人。唐朝'定策国老''门生天子'的教训不值得吸取吗？"仁宗大为感动，便说："送中书议定。"

司马光对韩琦说："诸公若不立即议定，将来某一天从宫中拿出一纸遗诏，称立某人为储，那时天下人谁能违抗呢。"韩琦于是入宫面见仁宗。仁宗说："你看立谁为太子合适？"韩琦说："臣下不敢妄议此事，还请陛下裁决。"最终，仁宗还是决立赵宗实为太子，并为其改名赵曙。

韩琦回到中书省，召翰林学士王珪起草立储的诏书。诏书下后，赵曙却一再推辞，上奏疏十余次，最终在群臣的劝说之下，赵曙才勉强同意做皇储，并表示等皇帝有了后嗣，他就回自己的居所。结果第二年，宋仁宗就去世了，赵曙回去的希望也被打破，他不得不继承皇位，成为宋朝第五位皇帝。

宋英宗与"濮议"

嘉祐八年（1063），宋仁宗去世，时年五十四岁。宋仁宗在位四十二年，是有宋一朝在位时间最长的皇帝。太子赵曙继位，是为宋英宗。

赵曙刚做皇帝没几天，便得了重病，神经错乱，常常无故打骂太监宫女，甚至辱骂太后。韩琦等大臣经过商议，决定请曹太后垂帘听政。待英宗身体恢复后，曹太后才还政于他。

英宗是仁宗抱养的孩子，按照礼制，他即位为皇帝后只能以宋仁宗为父亲，这让他的生父濮王赵允让所处的位置变得尴尬。于是宋英宗召集群臣，商讨起自己的生父濮王赵允让的名分问题。

朝中大臣因意见相左分成两派。一派是以司马光、范纯仁、王珪、范镇等台谏、礼官为主的台谏派，他们主张英宗既然已经继承仁宗的皇位，便不能再顾及生父私亲，赵允让是仁宗的兄长，英宗应该称呼赵允让为"皇伯"；一派是以欧阳修、韩琦、曾公亮等中书大臣为主的中书派，他们认为自古以来没有人称呼自己的生父为"伯"，主张英宗应该称呼赵允让为"皇考"。中书派人数虽较少，但是多为手握重权的大臣。

两派各执一词，互不相让，台谏派指责中书派的宰执"臣权太盛、邪议干政"。而百官们大多赞同台谏派。此时，曹太后闻讯亲自起草了诏书，指责韩琦等人，宋英宗看形势不利，不得不暂缓讨论。

面对这种局面，英宗和宰执大臣干脆以权力压制，免去了司马光等人的台谏职务，削弱台谏派的力量。同时他们意识到，要想获得这场论战的胜利，曹太后的支持非常重要。治平三年（1066），曹太后签署了由欧阳修起草的诏书，尊英宗的生父为皇考。曹太后与养子英宗关系一直不算融洽，据传，诏书是太后酒后误签。无论如何，诏书已下，英宗便立刻下诏停止讨论。

然而，百官关于此事的争执仍然没有平息。侍御史知杂事吕诲与侍御史范纯仁、太常博士监察御史里行吕大防联名上书，弹劾全体宰执大臣。英宗置之不理，吕诲等人便集体辞职。英宗召来宰执大臣，商讨如何平复百官的情绪。韩琦说："臣等是奸是邪，陛下自然知道。"欧阳修说："陛下如果认为臣等有罪，就留下御史，若认为臣等无罪，则听圣旨裁定。"英宗犹豫再三，最终决定将吕诲、范纯仁、吕大防三人贬出京城。英宗知道此三人并无大过错，便交代左右之人不宜责之太重。

英宗宣布，濮安懿王称亲，以茔为园，即园立庙。

这项决议再次遭到了强烈反对。包括司马光在内的台谏官员全部自请同贬，出使辽朝的谏官傅尧俞和御史赵瞻、赵鼎归国后，也要求在家中"待罪"，拒不回朝中供职。英宗便又将傅尧俞等三人贬出京师。至此，主张尊赵允让为皇伯的台谏派大多数被贬出朝，朝堂上甚至出现了"绝市无台官"的景象。

这场关于濮王赵允让的名分之争持续了十八个月之久，宋英宗为给生父争取名分，可谓煞费苦心，最终靠强权干扰达到了目标。这场争议在历史上被称为"濮议"。

神宗即位

治平三年（1066）十一月，宋英宗病重，卧床不起。监察御史里行刘庠建议宋英宗早立太子，宋英宗十分反感，认为刘庠是在诅咒自己。韩琦见状，也不敢再劝，他便告诫英宗长子赵顼，让他侍奉在英宗左右，以防异变发生。

过了一段时间，宋英宗的病情又加重了。此时宰相韩琦主持危局，于某日恭请圣安后，劝说宋英宗："陛下很久没有上朝了，朝野上下都很不安，还请圣上早立太子来稳定政局。"英宗自觉大限将至，便答应了这一请求，决定立皇长子赵顼为太子。

治平四年（1067），宋英宗因病去世，年仅三十六岁。英宗在位仅四年，无甚大政绩，最著名的政治事件就是为自己生父争取名分的"濮议"。太子赵顼即位，是为宋神宗。神宗即位后，尊圣母高皇后为皇太后，尊曹太后为太皇太后，立妃子向氏为皇后。次年改元熙宁，大赦天下。

宋神宗年幼时便有大志向，"知祖宗志吞幽、蓟、灵武，而数败兵"，立志"雪数世之耻"。神宗即位时，年仅十九岁，正是年轻气盛、血气方刚的年纪。宋朝开国已逾百年，国家危机却日益深厚：庆历新政遭到挫折，不了了之；各级部门冗官冗员，军队不断扩编，人浮于事；边境不断遭到骚扰，百姓生活困苦；国库连年亏空，财政极其困难。面对这种冗官、冗兵、冗费的"三冗"局面，宋神宗早就有心革除弊端，富国强兵。

在宋神宗之前，宋朝皇帝都是尊崇宋太祖、宋太宗制定的"祖宗之法"

的守成之君，宋朝的重臣也都是一些文臣儒士，缺乏变革的决心。宋神宗想要变法，急需一个有决心、有魄力的重臣支持。在这种情况下，王安石走进了神宗的视野。

"拗相公"王安石

王安石，字介甫，号半山，抚州临川人，世称临川先生。北宋著名的思想家、文学家、政治家和改革家。

王安石自幼聪慧，有过目不忘的能力，其文学才能出众，年少时便有才名。欧阳修读过王安石的文章后曾赞叹道："翰林风月三千首，吏部文章二百年。老去自怜心尚在，后来谁与子争先。"

王安石个性乖僻，特立独行。他不注重仪表，常常不修边幅，身上的衣服一年都可以不换。他对生活细节也毫不在意，有一次，有人告诉王安石的夫人，说他爱吃鹿肉，夫人便问这人是如何知道的。那人说，他们一同宴饮，王安石将面前的一整盘鹿肉全部吃光了，其他的菜完全没吃。夫人知道王安石从不关心饮食起居，就告诉那人，下次吃饭时换别的菜放在他面前。次日王安石用餐时，果然只吃面前的菜，对桌上的鹿肉视若无睹。还传说有一次，仁宗请群臣在官苑中宴会垂钓，王安石心不在焉，随手抓了东西就吃，竟将面前的一盘鱼饵全部吃完了。

王安石性格倨傲，不把旁人放在眼里，因此得罪了不少人。传说苏洵曾作《辨奸论》影射王安石，说他"夫面垢不忘洗，衣垢不忘浣，此人之至情也。今也不然，衣臣虏之衣，食犬彘之食，囚首丧面而谈诗书，此岂其情也哉"，还有人说王安石"眼中多白"，是大奸大恶之相。

王安石狷介孤傲的性格在他的诸多诗歌作品中也有所体现，比如著名的《登飞来峰》：

> 飞来峰上千寻塔，闻说鸡鸣见日升。
>
> 不畏浮云遮望眼，只缘身在最高层。

　　古人常常用浮云来比喻奸邪小人，这首诗表现了王安石在政治上高瞻远瞩的思想境界，不畏奸邪小人诽谤的道德情操。在变法遭遇重重阻挠时，王安石发表了著名"天变不足畏，祖宗不足法，人言不足恤"的"三不足"言论，指出天象的变异不足以使人害怕，祖宗的成规不足以效法，人们的议论和攻击不足以忧虑，表明自己变革的决心和意志，可谓时代的最强音。

　　因为王安石性情偏执、乖张，刚愎自用，所以世人称他为"拗相公"。

王安石拜相

庆历二年（1042），王安石登杨镇榜进士第四名，此时他年仅二十一岁。他先后担任淮南判官、扬州签判、舒州通判、常州知州等地方官。王安石在地方任职期间，关心民间疾苦，曾多次上书，希望朝廷能兴利除弊，解决百姓之忧，他所到之处，政绩都较为显著，这也使王安石声誉日盛。

如此有才干的人，却一直在各个地方担任小小的地方长官，难免令人感觉大材小用。事实上，当时很多人举荐王安石到京任职，其中不乏欧阳修、文彦博这样的朝廷重臣，但是都被王安石拒绝了。直到嘉祐三年（1058）十月，王安石终于在多次推辞无果之后，勉强接受了朝廷的任命。

在京担任三司度支判官期间，王安石向宋仁宗进呈了《上仁宗皇帝言事书》，系统地提出了自己的变法主张。但是宋仁宗晚年，已再无当初的变革决心和魄力，对王安石的上书并未重视。

嘉祐八年（1063），王安石的母亲去世，他离职守丧，期满之后，王安石再次谢绝朝廷任命，留守在金陵。在金陵的四年中，他兴办书院，收徒讲学，一时间名声大振。

万言书虽然没有打动宋仁宗，却打动了年少时的宋神宗。赵顼对王安石的万言书大加赞赏。赵顼做太子时，有一个亲信韩维，他是王安石的至交好友，每次赵顼与韩维讨论时政略有所得时，他都表示赵顼赞赏的那些观点，都是王安石的见解。因此，赵顼越来越倾慕王安石。

治平四年（1067），宋神宗即位，他先任命王安石为江宁知府，之后又召他为翰林学士兼侍讲。当时朝堂上不少大臣都反对宋神宗任用王安石，但神宗不为所动，并执意下诏将王安石从金陵调回京师。熙宁元年（1068）四月，王安石奉召入京。

在与神宗的交谈中，王安石力陈富国强兵之道，提出各项改革主张，这与仁宗的变革理念不谋而合。君臣二人怀着共同的政治理想，下定决心开展一场轰轰烈烈的变法运动，力图使宋朝摆脱积贫积弱的局面。

熙宁二年（1069）二月，宋神宗任命王安石为参知政事，次年又任命他为宰相，全面负责变法事宜。

熙宁变法

熙宁二年（1069）七月起，朝廷陆续颁布了一系列法令，史称"熙宁变法"，也是人们通常所说的"王安石变法"。

在经济方面，有如下法令：

一、青苗法：每年二月、五月青黄不接时，由官府贷款、贷粮给农民，每半年收取百分之二十到三十的利息，本息分别随夏秋两税归还。

二、农田水利法：鼓励垦荒，兴修水利，费用少的由各州县自行解决，当地住户可按贫富等级自行出资，也可向州县政府贷款。费用多的可以申报朝廷，由官府按照实效予以资金支持。

三、方田均税法：下令全国重新丈量土地，核实土地所有者，按土质的好坏将土地分为五个等级，作为征收田赋的依据。

四、募役法：原先有差役任务的人可以缴纳"免役钱"，免除差役任务；没有差役任务的人缴纳"助役钱"，官府用这些钱雇人承担差役任务。

五、市易法：在开封设置"市易务"，出钱收购滞销货物，等到市场短缺时再卖出。商人可以向市易务抵押资产，赊购市易务的存货销往各地。

六、均输法：设立发运使，掌握东南六路生产情况和政府与宫廷的需要情况，依照"徙贵就贱，用近易远"的原则，进行统一收购和运输。同时将各地的滞销物资由政府运往各地，用来平抑物价，减轻百姓的负担。

七、免行法：商业和手工业各行每月缴纳一定数额的"免行钱"，无须再向政府供应摊派的物资，改由政府出资购买。

在军事方面，有如下法令：

一、保甲法：将乡村民户每十家编为一保，实行刑事连带责任制，民户家有两丁以上抽一人作为保丁，农闲时集中接受军事训练，居民自己负责地方的治安。

二、裁兵法：整顿厢军及禁军，规定士兵年满五十岁必须退役。对士兵进行专业测试，禁军不合格者改为厢军，厢军不合格者改为民籍。

三、将兵法：废除北宋初年定立的更戍法，派禁军将领驻守各地军事重镇，专门负责本单位的军事训练，提高军队素质。

四、保马法：将原来由政府的牧马监养马改为由保甲民户养马。保甲户自愿养马，可由政府分派监马或者由政府出资，保甲户自行购买，并可以免除部分赋税。

五、军器监法：设立军器监造机构，严格管理，提高武器质量。

在教育方面，有如下法令：

一、贡举法：主持编纂了新教材《周礼义》《书义》《诗义》，合称《三经新义》，作为科举考试的统一教材。废除明经科，增加法科，进士科的考试以经义和策论为主。

二、三舍法：将各地选送的学生分成外舍生、内舍生和上舍生三等，据三班的不同程度进行教学。

三、设置专科学校：设置武学、医学、律学等专科学校，培养专门人才。

熙宁变法涉及政治、经济、军事、教育等各个方面，是一次全面的、深入的、彻底的变革，其变革力度和影响都远超庆历新政。新法施行之初，取得了一定的成效，一定程度上实现了宋神宗和王安石富国强兵的愿望。新法在一定程度上提高了农业生产水平，增加了财政收入，国库不再亏空，军队的素质和战斗力也大为提高。

然而，新法本身存在一定的弊端，以国家垄断经营的方式，与民争利，市场垄断严重，使农民和手工业者的利益受损；各级官员为了政绩拼命盘剥百姓，不少农户因无力偿还青苗贷款导致家破人亡；免役钱、助役钱成为许多贫苦百姓的沉重负担，令百姓叫苦不迭。新法又触动了许多官僚的利益，在实施过程中阻碍重重，最终新法勉强持续了十几年后，被彻底废除。

黯然谢幕

新法自颁布之日起，便饱受诟病。朝臣中反对之声不绝于耳。

当时的五位执政大臣有"生、老、病、死、苦"之称。"生"是指王安石，他年富力强，正准备大刀阔斧地进行改革。"老"是指年近古稀的曾公亮，他反对变法无果，自请罢相。"病"是指富弼，他因反对变法于是称病不出。"死"是指参知政事唐介，他常常与王安石辩论新法的利弊得失，神宗却次次袒护王安石，唐介为此日夜忧愤，疽发而死。"苦"是指赵抃，他因无力阻止变法而整日叫苦不迭。

此外，御史中丞吕诲上述弹劾王安石，神宗拒不答复，吕诲于是自请出朝。知谏院范纯仁上书攻击王安石有害法度，神宗置之不理，范纯仁也自请出朝。司马光上书无果，主动请求去修《资治通鉴》。苏轼、苏辙兄弟上书陈述新法弊端，结果苏轼自请出京，苏辙被贬河南。

御史中丞吕公著上书神宗："过去视为贤者的这些人，都认为现在的做法不对。难道这些过去的贤者，现在都成了宵小之徒了吗？"他也被罢职。许多翰林学士、台谏官员都上书反对变法，纷纷被贬出朝。

熙宁六年（1073）四月，文彦博辞去枢密使职位，出判府郡。

宋神宗祖母曹太后和母亲高太后都认为"祖宗法度不宜轻改"，对神宗哭泣着说："王安石这是在变乱天下呀！"宗室、外戚也都对变法强烈不满。

尽管变法受到了朝臣和宫闱的反对，可谓内外交困，但是神宗依旧坚决支持王安石进行变法。可见宋神宗对于富国强兵、中兴宋朝的决心之坚定。

当初推行新法时，神宗专门设立了制置三司条例司用来主持变法，王安石提拔了一大群变法骨干，诸如吕惠卿、章惇、曾布、韩绛、吕嘉问等等。这些人中不少人打着靠新政出头的如意算盘，有些最后还站到了王安石的对立面。

巧合的是，自从推行新法之后，各地不断出现自然灾害。京东、河北突然刮起怪风，陕西华山崩裂，北方连续大旱。古人迷信天象，将这些视为上天的警告。

熙宁七年（1074）春，天大旱，朝内外反对势力以"天变"为由，再次开展了对变法的围攻。监安上门、光州司法参军郑侠将百姓卖儿卖女、四处逃亡、砍桑伐柘的悲惨景象绘制成《流民图》，上书宋神宗。他指出百姓流离失所、民不聊生，天生异象皆因执政大臣多行不义造成的，还说："陛下观臣之图，行臣之言，十日不雨，即乞斩臣宣德门外，以正欺君之罪。"

宋神宗看了《流民图》后，大为震骇。宋神宗的理想是变法图强，使百姓安居乐业，国家长治久安，然而不料变法却导致百姓流离失所、怨声载道。这令宋神宗夜不能寐，对新法产生了怀疑。次日，宋神宗便下令暂停青苗法、免役法、方田均税法、保甲法等十八项法令。正巧没几天，天下了大雨。

王安石于是上疏请辞，神宗一再挽留。最终神宗同意让王安石出知江宁。为了继续变法大业，王安石辞相后，他推荐韩绛为相、吕惠卿任参知政事。王安石离开朝廷中枢，使变法事务遭遇重创。

吕惠卿本是变法派中的投机分子，随着王安石去职，他妄图取而代之成为变法领袖的野心暴露无遗。他们将弹劾吕惠卿的郑侠贬至汀州，再不许其入仕途。之后，变法派内部的吕嘉问、曾布、章惇、邓绾等人也开始了争斗。

吕惠卿肆意妄为，引起诸多不满。韩绛等人上书，要求召回王安石。熙宁八年（1075）二月，王安石奉召入京，再次拜相。

然而王安石入京并未能稳定动荡不安的朝局，变法派内部仍斗争不断。吕惠卿趁机挑拨神宗与王安石的关系。宋神宗察觉吕惠卿的阴谋，将他贬出京城，然而变法派的阵营已经从内部分裂。此时新法已经实行了十余年，宋神宗对新法也有了自己的见解和主张，不再事事依靠王安石。君臣二人的分歧越来越大，改革之路已是步履维艰。

熙宁九年（1076）六月，王安石的儿子王雱疽发而死，王安石痛心疾首。十月，带着巨大的丧子之痛和政治上的不如意，王安石再次请求辞去相位，从此退居金陵，再也不过问政事。"拗相公"从此退出历史舞台。

元祐元年（1086），王安石病逝于钟山，时年六十五岁。

元丰改制

熙宁九年（1076），虽然王安石已辞相，但是宋神宗的变法图强之心仍旧坚定，他亲自举起变法的大旗，力图在整顿吏治方面有所进益。次年，宋神宗改年号为"元丰"，故而此次改革称为"元丰改制"，主要有如下措施：

颁布《寄禄格》和《官品令》。重新设定官阶，官员的升迁都要参照《寄禄格》，使各级官员各司其职，各谋其政，减少官员之间职务界限不明，相互推诿的现象。也就是说，此后宰相不能单方面决定官员升迁的品阶和俸禄标准，削弱了宰相的权力，从而提高行政效率，减少财政支出。

恢复唐代三省制。将宰相的权力分给尚书左仆射兼门下侍郎和尚书右仆射兼中书侍郎，分别负责门下省和中书省，并且皇帝直接向三省官员发布命令，从而达到强化皇权的目的，加强了中央集权。

加强军事训练。在禁军和地方军队设立指使、教头、都教头等职，专门对士兵进行军事训练，提高军队素质及作战能力。

元丰改制虽然在一定程度上革除了宋朝政治体制上的弊病，但是此时赵宋王朝已然内外交困，积重难返，倾宋神宗一人之力也难以扭转乾坤。而且新政在推行的过程中，仍然阻力重重，并不因为是由神宗主持而畅行无阻。

加之两次对西夏战役的失利,宋神宗精神上备受打击,身体也一日不如一日。

宰相王珪劝神宗早日立储,并由高太后暂时听政,神宗只得同意。宋神宗曾有过五个儿子,都先后夭折。于是神宗立第六子赵煦为太子,赵煦当时年仅十岁。

元丰八年(1085)三月,宋神宗因病辞世,年仅三十八岁。

神宗逝世的消息传到江宁,王安石作诗哭悼:"老臣他日泪,湖海想遗衣。"宋神宗的逝世使新法彻底失去了运行的支撑,他们君臣二人的理想就此破灭。当王安石听到免役法被废除时,不禁悲愤交加。不久,王安石便郁郁而终。

纵观宋神宗的一生,作为一国君主,他不事享乐,励精图治,孜孜以求,终其一生都在谋求富国强兵之道,最终英年早逝。变法领袖王安石,视名利如粪土,为变法事业殚精竭虑,"虽千万人吾往矣"。虽然在历史上,对熙宁变法的举措和影响多有非议,但是此君臣二人为了实现变法图强的目标,不惜与祖宗之法相抗,与举朝之臣力辩,这种大无畏的投身精神,当值世人赞颂。

乌台诗案

苏轼，字子瞻，号东坡居士，四川眉山人。北宋著名的文学家、书画家，豪放派的代表人物。苏轼出身书香门第，其父苏洵和其弟苏辙都是著名的文学家，父子三人合称"三苏"，同位列唐宋八大家。

嘉祐二年（1057），苏轼中进士。他的才学受到欧阳修的推崇，之后更是以才学闻名朝野。宋神宗时，苏轼任礼部尚书、翰林学士，因反对王安石变法而被贬逐出京城。

元丰二年（1079）三月，苏轼由徐州调任湖州，到了湖州后，他作了一篇《湖州谢上表》。一般来说，此类表只是例行公事，只要说说自己过去无甚政绩，感谢皇恩浩荡即可。但是苏轼文人习气，不拘小节，他在谢表中加了几句牢骚话："陛下知其愚不适时，难以追陪新进，查其老不生事，或可牧养小民。"说自己愚拙，不能适应先进，年老无用，不爱生事端，只能做做地方小吏，表达了自己对新法的不满。

苏轼因才名满天下，所以就连一封普通的谢表也有人争相览阅。结果这封谢表惹怒了当政的御史们。他们认为苏轼是在讥讽新政，于是摘引"新进""生事"等字句上奏，指责苏轼以谢表为名，"愚弄朝廷，妄自尊大"，请求朝廷惩治。

单凭一篇《湖州谢上表》就弹劾苏轼显然论据不足。恰巧当时苏轼出了一本《元丰续添苏子瞻学士钱塘集》，给御史们提供了很多资料，这些人有心置苏轼于死地，于是处心积虑、断章取义地从苏轼的一些诗文中，找出苏轼诽谤朝廷、其心不坚的句子来。监察御史舒亶上奏弹劾说："古来还从没有人像苏轼这样，包藏祸心，作文写诗埋怨诽谤皇帝，完全丧失人臣礼节。陛下贷青苗款给贫民，他却说'赢得儿童语音好，一年强半在城中'；陛下申明法度、课试官吏，他却说'读书万卷不读律，致君尧舜知无术'；陛下兴修水利，他却说'东海若知明主意，应教斥卤变桑田'；陛下严明盐业禁令，他却说'岂是闻韶解忘味，迩来三月食无盐'……但凡他能接触到的事物，讥谤之言张口就来。"

七月，御史台派太常博士皇甫遵前去逮捕苏轼。苏轼在进京途中，数度想投水自尽，因害怕牵连弟弟苏辙才终于作罢。八月十八日，苏轼到京城后，被送进御史台监狱。八月二十日，苏轼被提讯。

在长达四十多天审问时间里，苏轼曾经作的《山村五绝》《八月十五日看潮》等，赠送司马光、黄庭坚、王诜等好友的《独乐园》《和韵答黄庭坚二首》《汤村开运河，雨中督役》等一百多首诗，都被人找出来加以附会。

最终，苏轼承认了自己在诗中批评新政。与苏轼关系交好的司马光、范镇、王诜、张方平、黄庭坚，其弟苏辙，甚至连当时已经去世的欧阳修，总共二十九人受到牵连，这就是历史上著名的"乌台诗案"。

事实上，对苏轼的指控，多是一些穿凿之词。诸如"读书万卷不读律，致君尧舜知无术"，本是苏轼说自己才学不精，不能够帮助皇帝成为像尧舜那样的圣君，却被说成是讽刺皇帝不能以律法监督、教导官吏；苏轼曾作诗咏桧树"根到九泉无曲处，世界惟有蛰龙知"，被人曲解成是影射皇帝。王珪说："皇上如飞龙在天，苏轼却要在九泉之下寻找蛰龙，他显然是有不臣之心啊！"神宗听罢，冷静地回答："诗人的诗作，可以这样去理解吗？他咏他的桧树，跟我有什么关系？"

注："乌台"即御史台。《汉书·朱博传》中载："是时，御史府吏舍百余区井水皆竭；又其府中列柏树，常有野乌数千栖宿其上，晨去暮来，号曰朝夕乌。"因此，后世便称御史府为乌府，御史台为乌台。

乌台诗案后续

苏轼下狱后,他的长子苏迈每日去监狱为父亲送饭。父子约定:平日只送蔬菜和肉食,如果得到的是坏消息,就改送鱼。有一日苏迈因事离开京城,于是委托朋友帮忙给苏轼送饭。朋友热心地给苏轼送了一条鱼。苏轼大惊,以为朝廷已经判了自己死刑,于是他怀着悲痛的决心,给弟弟苏辙写下了《狱中寄子由》两首绝命诗:

其一

圣主如天万物春,小臣愚暗自亡身。
百年未满先偿债,十口无归更累人。
是处青山可埋骨,他年夜雨独伤神。
与君世世为兄弟,再结来生未了因。

其二

柏台霜气夜凄凄,风动琅珰月向低。
梦绕云山心似鹿,魂飞汤火命如鸡。
眼中犀角真吾子,身后牛衣愧老妻。
百岁神游定何处,桐乡知葬浙江西。

苏辙看到兄长的绝命诗后，痛哭流涕地上书宋神宗，要求用自己的官爵替苏轼赎罪。其时，虽然李定、舒亶、王珪等人欲置苏轼于死地，但宋神宗始终没有下杀心。宋太祖曾有誓约，除非谋逆之罪，"不杀上书言事人"。

朝臣中，宰相吴充、翰林学士章惇等人为苏轼求情，这些人当中很多都是变法派的大臣。重病在身的曹太后对神宗说："当初仁宗时苏氏兄弟进士及第，仁宗非常高兴，说'我今日又为子孙得了两个太平宰相'。如今听说苏轼因为写诗入狱，是不是仇人搜集他的诗句陷害他？你应该仔细审查这件事。"赋闲在家的王安石听说此事，也立即上书神宗："安有圣世而杀才士乎？"百姓们也纷纷为苏轼祈福祷告。

因这些人的求情和帮助，最终宋神宗下谕，对苏轼从轻发落，贬为检校尚书水部员外郎黄州团练副使，"本州安置"。苏轼在狱中四个多月，终于获释，"乌台诗案"也告一段落。

元丰三年（1080）正月，苏轼和长子苏迈离开京城，前往幽居之地黄州。

乌台诗案给了苏轼巨大的打击，初到黄州的日子，可以说是苏轼人生的最低谷，然而苏轼豁达豪爽的性格使他并没有沉湎在仕途失意的悲伤之中。在谪居黄州的日子里，他迸发出极大的创作热情，写下了《赤壁赋》《后赤壁赋》《念奴娇·赤壁怀古》《定风波·莫听穿林打叶声》《西江月·世事一场大梦》等传世名篇。他的诗词作品中，既包含着对山水自然的向往，也蕴含着对人生羁旅、世事浮沉的慨叹与哲思。此时的苏轼，虽切身体会到了"世事一场大梦，人生几度新凉"的虚无，但其思想中仍旧抱有"一蓑烟雨任平生"的达观。他看待"人生如逆旅，我亦是行人"，并甘愿"小舟从此逝，江海寄余生"。正是这样旷达的苏轼，凭借胸中"一点浩然气"，御乘"千里快哉风"。

谪居黄州之时，苏轼带领家人在城东开垦了一块坡地，用以种田补贴生计。这与唐代大诗人白居易当年担任忠州刺史时种植花草的忠州"东坡"相似。白居易曾作《东坡种花》《别东坡花树》《步东坡》等诗,他的随遇而安、怡然自得的生活态度深深影响了苏轼。于是,苏轼效仿白居易,给自己取号"东坡居士"。

元祐更化

元丰八年（1085）春，宋神宗病逝，其子赵煦即位，次年改元元祐，是为宋哲宗。哲宗当时年仅十岁，所以由高太后垂帘听政。

熙宁变法进行得如火如荼之时，高太后曾说过"王安石乱天下"，她对变法一直持反对态度。但受制于祖制，神宗在位期间，她并没有干预朝政。如今高太后执掌政事，自然要改弦易辙。于是，她将司马光、吕公著、文彦博等反对新法的逐臣召回朝中。

司马光在宋神宗变法时，一度隐居洛阳达十五年之久。元祐元年（1086），在重掌大权后，司马光立即大力废除新法，恢复旧制，甚至不遗余力地打击当年主持变法的大臣。司马光向高太后上书，力陈新法之弊，将变法的责任都推给王安石，称他"不达政体，专用私见，变乱旧章，误先帝任使"，又评判新法是"舍是取非，兴害除利"，对新法进行了全盘否定。

在人事任免上，司马光、吕公著二人接任宰相，推荐了范纯仁、吕大防、苏轼、苏辙等一批反对派入朝担任要职。吕嘉问、李定、蔡确、吕惠卿等变法派被相继贬黜出朝。这实际上是反对派对变法派的清算。时任宰相的蔡确被贬为知安州，在出游车盖亭时赋《夏日游车盖亭》十首绝句，不想被素来与他有嫌隙的吴处厚抓住做了文章，吴处厚将蔡确的诗上呈朝廷，曲解诗意，指责他将高太后比喻成武则天。高太后十分震怒，下令将蔡确贬至岭南新州。岭南地处偏远，吕大防、范纯仁等人都建议改迁到比较近的州郡，然而高太后却说："山可移，此州不可移。"最终，蔡确抑郁成疾，客死于岭南新州。这是元祐年间发生的一场文字狱，史称"车盖亭诗案"。

反对派借车盖亭诗案，捕风捉影，制造出"蔡确亲党"和"王安石亲党"等数十人名单，对整个新党进行了一次彻底的清算：已在元祐年间被司马光排挤的新党人员再次贬黜，还在朝的新党也被降官贬黜。这也使得统治阶级内部矛盾不断激化，为日后更为激烈的党争埋下了伏笔。

在废除新法方面，高太后和司马光走了极端，"一刀切"地对新法予以废除。新法虽然有弊端，但并非全无益处。这引起了诸多不满，连反对派内部也产生争议，一些反对新法的大臣认为应当保留那些行之有效的措施。针对是否废除免役法，范纯仁、苏轼等人认为废除免役法不可行，与司马光展开了激烈的争辩。然而司马光此时一意孤行，已然成为另一个"拗相公"，最终废除了免役法。苏轼曾激愤地称呼他为"司马牛"。

远在江宁的王安石听闻免役法被废除，不禁悲呼："亦罢至此乎？"不久便郁郁而终。同年九月，司马光也因病去世了，时年六十八岁。

司马光过世之后，高太后并未停下废除新法的脚步，她继续任用反对派大臣，将新法革除殆尽。这场矫枉过正的政治改革被称为"元祐更化"。

女中尧舜

高太后，是宋英宗的皇后，宋神宗的生母，宋哲宗的祖母。她小字滔滔，是名门之后，曹皇后待她视若己出，从小就在宫中生活，被人称为"皇后女"。宋仁宗无子，宋英宗赵曙年幼时也被抱养在宫中，被人称为"官家儿"。二人年龄相仿，青梅竹马。后来二人到了适婚年龄，宋仁宗和曹皇后主持了婚礼，民间有"天子娶媳，皇后嫁女"之说。嘉祐八年（1063），宋英宗即位，立高氏为皇后。高氏自幼在宫中，博闻强识，学识、见地远非寻常人可比。

宋英宗在位仅四年，便因病去世。其子赵顼即位，是为宋神宗。神宗在位十八年，致力于变法图强，于元丰八年（1085）病逝，年仅三十八岁。神宗之子赵煦即位，是为宋哲宗。赵煦年仅十岁，无法独立主持政事，所以由高太后垂帘听政。

高太后主政之后，与民生息，"以复祖宗法度为先务，尽行仁宗之政"，起用保守派大臣司马光、文彦博、吕公著等，尽废王安石新法。尽管"一刀切"地对新法不加以甄别地废除，对宋朝的政治、经济产生了一定消极影响，但是在高太后治下的宋朝，被公认为是又一个太平治世，是宋朝社会最稳定、百姓最安居乐业的一段时期，这段时期被称为"元祐之治"。

高太后办事公正，并且注重约束外戚的权力。她的弟弟高士林任职内殿崇班很长时间，一直没有升迁。宋英宗有意提拔高士林，却被高太后谢绝了："士林能在朝为官，对高家来说已经是隆恩了，再升迁就是破格了。"

高太后掌政后，三省依据前朝惯例，奏请给高太后的族人加官晋爵，也被高太后坚决拒绝了。高太后的两个侄子高公绘和高公纪，都该升任观察使，高太后也拒绝了。后来宋哲宗请求，才给他们升了一级。有一次，高公绘呈了一篇奏章，请求朝廷尊崇宋哲宗的生母朱太妃以及高太后的族人。高太后看罢奏章，问道："以你的文化，怎会写出这么有水平的奏章？"高公绘只好如实说，是邢恕代为撰写的。结果高太后不仅没有同意请求，还将邢恕驱逐出朝。

高太后十分崇尚节俭，除了朝会等大场合外，她在宫中常着朴素的衣物，不过分修饰。她还要求宫中的膳食从简，不可浪费。她常对皇帝说："一瓮酒，醉一宵；一斗米，活十口。"宋神宗曾多次打算为高氏家族修建一些豪华的府邸，提高高氏家族的待遇，都被高太后拒绝。最后，朝廷赏赐了高家一片空地，由他们自己出资才建造了房屋，没有动用国库寸金。

高太后不仅廉洁奉公，同时具备卓越的政治领导力，励精图治。在她执政期间，政治清明，经济繁荣。《宋史》中如此评价高太后："临政九年，朝廷清明，华夏绥安，杜绝内降侥幸。""文思院奉上之物，无问巨细，终身不取其一，人以为女中尧舜。"

绍圣绍述

高太后临政时，保守派控制了整个朝政，并且对变法派进行了清算。这为以后变法派反击保守派埋下了伏笔。

高太后垂帘听政时，哲宗年纪尚小，完全没有参与朝政的机会，大臣们有任何事都只向高太后禀奏。因在朝堂上，高太后的座位与皇帝的御座是相对的，于是群臣上朝时，哲宗往往"只见臀背"。宋哲宗少年早慧，对此种现象早就不满。

元祐七年（1092），哲宗十七岁，娶孟氏为皇后，按照惯例，皇帝大婚后，高太后理应还政于皇帝。然而此时，高太后却没有还政的意思，仍旧在朝堂上积极地听政。当时的群臣，大多都是由高太后提拔上来的，所以他们依旧有事先上奏高太后。正因为如此，哲宗心中积怨日深，所以在亲政之后，大力贬斥这些元祐旧臣。

元祐八年（1093），高太后病逝，终年六十二岁。此时十九岁的宋哲宗终于亲政，他于次年改元"绍圣"。"绍圣"意即绍述宋神宗之政，表明了自己要全面恢复宋神宗时的新政的决心。

然而凡事过犹不及，宋哲宗在变革中存在着极强的宣泄情绪和报复心理。他推崇宋神宗的新政，其原因并不是为了实现神宗变法图强的政治理想，而是为了报复高太后对自己的控制。归因于他在高太后垂帘听政期间，对元祐政治以及元祐党人的极端不满。因此，他当政后的第一件事，便是全面否定元祐政治，恢复被元祐政治否定的宋神宗新政。

宋哲宗将章惇、李清臣、邓润甫等变法大臣重新起用，将范纯仁、吕大防、苏辙等保守派大臣罢知州郡，开始"绍述"宋神宗熙宁年间和元丰年间的新政，并且大肆报复保守派大臣。历史上称这一段时期为"绍圣绍述"。

宋哲宗起用章惇来主持绍述，他与死对头司马光当初"元祐更化"时的行径如出一辙，甚至有过之而无不及。"凡元祐所革，一切复之"，不分青红皂白地将元祐年间废除的新法又进行了全盘恢复，对在元祐年间得势的保守派大臣们大肆打击报复。这种行径得到了宋哲宗的大力支持，所以，保守派大臣司马光、文彦博、范纯仁、吕大防、苏轼、苏辙等，都遭到了弹劾，尽管当中一部分人早已不在人世。

宋哲宗尤其憎恨司马光、吕公著，于是他听从章惇的建议，追夺了他们的赠官与封号，还推倒为他们所立的石碑，毁掉碑文。章惇、蔡卞甚至请求将他们掘墓劈棺，幸好有大臣劝以"发人之墓，非盛德事"，哲宗才作罢。由此可见，宋哲宗对保守派大臣的怨念之深。

之后，吕大防、范纯仁、苏轼、苏辙、刘挚、程颐、韩维等三十余人相继被贬。章惇此时受报复心驱使，已然心理扭曲。他整理了元丰八年之后的奏章，分门别类，找出其中含有攻击新法和新党的内容，确保没有疏漏。在贬逐旧臣之时，他别出心裁，根据被贬者的姓名来确定放逐之地。例如，苏轼字子瞻，就贬往"儋州"；刘挚字莘老，就贬往新州，因为"新""莘"音近；黄庭坚字鲁直，就贬往宜州，因为"宜"字形似"直"。宋哲宗对此不仅不加以限制，反而大力支持，由此，一场新的政治变革完全演变成一场政治迫害。

这种清算也波及已经去世的高太后。一直以来，宋哲宗对自己的祖母积怨很深，章惇、蔡卞等人挑拨当初哲宗的继位问题，甚至打算收回对高太后的谥号，废掉她的太后之名。幸亏向太后和哲宗生母朱太妃苦苦相劝，才打消哲宗的念头。

然而，哲宗对高太后的积怨还是显露出来，他甚是不喜高太后做主册立的孟皇后，而宠爱刘妃。刘妃与章惇勾结，构陷孟皇后行厌魅之术。于是哲宗废掉孟皇后，改立刘妃为后。

以"绍述"为名的对旧党的迫害和清算运动，直到宋哲宗去世才告一段落。然而两党互相倾轧、攻击的行径在北宋王朝已形成一种政治气候，不久便又死灰复燃，使得北宋的政局越来越艰难。

孟后之废

孟氏是眉州防御使马军都虞候孟元的孙女,比宋哲宗赵煦小一岁,自幼被高太后选入宫中,因性情温婉贤淑受到高太后的喜爱。元祐七年(1092)孟氏与宋哲宗成婚,被立为皇后。

宋哲宗对祖母颇有不满,这种不满也迁怒到孟氏身上。刘婕妤因得到宋哲宗的宠爱,所以专横跋扈,对待孟皇后常常无礼,高太后在世时,她尚且有所收敛。高太后去世后,孟氏失去倚仗,宋哲宗与孟皇后的冲突日益凸显出来。

孟皇后没有儿子,只有一个女儿福庆公主。有一次,福庆公主突然染上疾病,孟皇后的姐姐懂得医术,听说后便入宫医治福庆公主。因药石无效,孟皇后的姐姐便引用道家的符水来替公主治病。宫中本就忌讳符水一类的事物,不久刘婕妤便联合章惇构陷孟皇后,说她与娘家人一起在宫中大行符咒厌魅之事。于是,绍圣三年(1096)九月,宋哲宗以"旁惑邪言,阴挟媚道"为由,下诏废去孟皇后,封为华阳教主、玉清妙静仙师,法名"冲真",出居瑶华宫,她身边的人也受到严重的处罚。孟皇后无辜被废,在民间却引起了广泛的同情。

事情过去不久,宋哲宗追思废后一事,也颇为后悔,常感叹:"章惇坏我名节!"所以孟后被废之后,刘婕妤并未如愿以偿地当上皇后,只是被晋封为贤妃。元符二年(1099),刘妃生下皇子赵茂,宋哲宗大喜,才同意立刘妃为皇后。朝臣中右正言邹浩上书反对,最终邹浩被削职去官,贬往新州。尚书右丞黄履上书为邹浩求情，也被罢官。立后一事尘埃落定，刘妃被立为元符皇后。

然而好景不长，赵茂仅仅两个月便夭折，刘皇后深受打击。宋哲宗一年以后就病逝，年仅二十五岁。因膝下无子，所以由其弟端王赵佶继任皇帝，即为宋徽宗。

赵佶即位后，由向太后垂帘听政。向太后很喜欢孟氏，于是将孟皇后复立为元祐皇后，位居元符皇后之上。孟氏性情温和，与徽宗的皇后王氏关系交好。然而孟氏第二度当皇后也不长久。向太后死后，宋徽宗重新任用蔡京等新党，排挤元祐大臣。刘皇后受宦官郝随怂恿，勾结蔡京，使孟皇后再度被废，赐号"希微元通知和妙静仙师"，重居瑶华宫。

后来刘氏因为妄图干政，引起徽宗不满。宦官郝随害怕自己受到牵连，逼迫刘皇后自杀。孟氏重回瑶华宫，不久瑶华宫失火，于是她被迫迁至延宁宫；不久，延宁宫亦发生火灾，她只得住进宫外的弟弟孟忠厚家。

靖康二年（1127），金兵攻陷汴京。宋徽宗、宋钦宗二帝被俘，北宋灭亡。孟氏因为居住在宫外，躲过一劫。同年四月，孟氏被宋朝臣子尊为元祐皇后，并请她垂帘听政。孟氏听政后，将流落在外的徽宗之子赵构接回，赵构在南京应天府即位为宋高宗。孟氏不再听政，被尊为元祐太后，后因避其祖父讳，改称"隆祐太后"。

绍兴五年（1135）春，孟太后患风疾，不久因病去世，终年五十九岁。

崇宁更张

元符三年（1100）正月，宋哲宗一病不起，自己执政理国的抱负尚未实现，便抱憾长辞，年仅二十五岁，是北宋最短命的皇帝。哲宗在位十五年，亲政时间仅有七年。

宋哲宗一生没有子嗣，继承人问题再一次困扰着大宋王朝。此时哲宗有五个弟弟，分别是申王赵佖、端王赵佶、莘王赵俣、简王赵似和睦王赵偲。此时，向太后在继位一事上起到了决定性作用。

向太后询问宰执大臣谁可以继任皇位，章惇建议由与哲宗一母所出的简王赵似来继位，向太后以诸王同为神宗庶出之子，不应区别对待，并且以赵似尚且年幼为由表示反对。章惇又建议以长幼为序，由申王赵佖继位，但向太后以申王一只眼睛有残疾为由反对。她心中的最佳人选其实是端王赵佶，这个提议得到曾布的支持。

章惇指出端王赵佶为人轻佻，不适合做皇帝。然而此时向太后心中早已做了决定，声称端王继位是哲宗遗愿，于是当场便定下由端王赵佶继位。而章惇此时言论失当，日后也遭到了报复。

赵佶即位，是为宋徽宗。徽宗请求向太后垂帘听政，向太后本人也无意于朝政，听政半年之后便还政于徽宗。需要指出的是，向太后也是新法的反对者，在她垂帘听政期间，变法派再次受挫。向太后起用名相韩琦之子韩忠彦为左仆射，曾布为右仆射，重用陈瓘、邹浩等人；还为司马光、文彦博、刘挚、吕大防、吕公著等三十三人平反，恢复他们的赠官和封号。徽宗有意召回范纯仁入朝为官，但后因范纯仁年老体迈作罢。

在恢复旧党职务的同时，对新党的排挤也开始了。章惇作为新党领袖，此前得罪了很多人不说，还说徽宗轻佻，"不能君天下"。章惇被贬往岭南，又迁往睦州，最后客死于贬所。之后，变法派蔡京、蔡卞、邢恕、吕嘉问等人都相继被贬。

宋徽宗认为元祐、绍圣之政各有利弊，未能肃清朝政，反而引起朝中朋党之争不断，应当采用中庸之道来治理国家。于是他于1011年改元"建中靖国"。这年正月，向太后去世，旧党失去了靠山，于是局势又倒向了新党一边。曾布是新党的代表人物，因在继立一事上支持徽宗，所以更受徽宗重视。曾布于是极力劝说宋徽宗绍述神宗之政，"子承父志"。徽宗于是又下定决心，宣布次年改元"崇宁"，"崇宁"即是"崇尚熙宁"，意在继承父兄遗志，重行神宗之政。

但实际上，徽宗对处理朝政并没有兴趣，遑论锐意改革。他即位后便安排宦官童贯到三吴地区访求名家名作以及各种奇巧之物，此时贬居杭州的蔡京极力巴结童贯，托童贯将自己的书画作品呈给徽宗。徽宗对蔡京的作品赞赏不已，加之童贯在一旁吹捧，于是徽宗便重新起用蔡京。

蔡京入朝后，先是联合曾布排挤韩忠彦，韩忠彦被罢相。不久，蔡京渐渐取得徽宗的信任，在徽宗的支持下，将曾布罢相，贬往太平州。崇宁元年（1102）七月，蔡京被提拔为宰相。后来宋徽宗有意重振熙宁之法，然而，蔡京这个投机分子却将重点都放在聚敛财富、排除异己上。

元祐党籍碑

蔡京当上宰相以后，重新起用变法派，并且仿照王安石的制置三司条例司，设立了讲议司。这个机构明面上是为了绍述熙宁、元丰之政，实际上的职能却是帮助蔡京安插亲信，结党营私，聚敛财富。

徽宗联合蔡京，将元祐时代的旧党大臣贬斥殆尽。文臣执政官司马光、文彦博、吕公著、刘挚、范纯仁、韩维、苏辙等，待制以上官苏轼、刘安世、范祖禹、程颐等，余官秦观、晁补之、黄庭坚、张耒等，武臣王献可、李备等，内臣张士良、赵约等，共一百二十人，分别被定罪，被斥为"奸邪"。之后蔡京等人又把在向太后听政期间上书言事的五百八十二名官员划分为正上、正中、正下，邪上、邪中、邪下六等。当中的"正臣"只有四十一人，全部是蔡京的党羽，都得到提拔；被列入"邪等"的多数只是与蔡京政见不合，却全被降官、贬黜。

但是蔡京仍不满足，他奏请宋徽宗亲自书写了司马光、文彦博、范纯仁、吕大防、苏轼、苏辙、韩忠彦、刘安世、程颐等三百零九人的名单，刻于石碑之上，称"元祐党籍碑"，昭示天下。石碑刻成之后，蔡京又嫌影响力不够大，于是下令全国各地州、郡、县都要仿制此碑。

与此同时，蔡党对"元祐党人"的政治迫害也在不断加剧。但凡在党人名单上的大臣，都悉数被贬往偏远州郡，不许他们的子孙留在京师，不许他们的子孙参加科举考试，禁止他们以"元祐"学术来教导学生，还规定皇室子女一律不得与党人亲属通婚。司马光、苏洵、苏轼、苏辙、黄庭坚等人的诗作和书画被列为禁毁物品,在此期间,大量诗文被毁。司马光的《资治通鉴》原来也属此列,因神宗为之作序,方才幸免于难。

这次党争在手段上、规模上、影响上都绝非以往可同日而语,可以说是中国历史上空前的政治迫害事件。诏令下达后,被划归到"元祐党派"的大臣们纷纷携家带眷离开京城,一路上号哭之声不绝于耳。

然而讽刺的是,蔡京原想通过立"元祐党籍碑"来使天下人唾弃元祐党人,可民心向背非人力可掌握,不仅百姓议论纷纷,各地官员也是有苦难言,甚至有刻碑的石匠要求不要将自己的名字刻在碑尾,以刻此碑为耻。

崇宁五年(1106)五月,天空出现陨石,一道闪电击中了文德殿东墙的元祐党籍碑,石碑被一分为二。这似乎是上天的警示,宋徽宗惊惧不已,于是命人将端礼门外的另一块石碑也毁掉。第二天,蔡京发现石碑被毁,大呼:"碑可毁,名不可灭!"

受"天变"启示,徽宗放松了对元祐党人的迫害,他接受建议,毁掉"元祐党籍碑",解除党禁。石碑被毁,然而石碑上所列诸人,如司马光、苏轼、范纯仁、黄庭坚等,都享誉千古,果然应了蔡京"名不可灭"的预言。颇为讽刺的是,他们的家属后代,都以亲眷、祖先能名列"元祐党籍碑"为荣。

"纨绔天子"宋徽宗

徽宗即位之初,从"建中靖国"改元"崇宁",也曾短暂地治国理政,之后又重用蔡京,对元祐党人大肆迫害。其实徽宗对政治并无多大兴趣,他继位之前,章惇就曾评价他为人轻佻,"不可以君天下"。

传说赵佶出生之前,宋神宗曾到秘书省观看过收藏在那里的南唐李后主的画像,神宗见李煜风姿俊朗,再三惊叹。是夜,神宗梦见李煜前来拜谒。所以坊间流传赵佶是李煜托生。实际上,赵佶与李煜的确有不少相似之处。他性格散漫,胸无大志,但爱好十分广泛。他擅长书法、绘画,热爱骑射、蹴鞠等运动,喜欢收集奇巧之物。他独创的"瘦金体"书法至今仍广为流传,他的花鸟画也是当世一绝。赵佶此人在艺术方面颇有成就,然而错生帝王之家,在他当政的二十余年时间里,穷奢极欲,横征暴敛,任人唯亲,不事朝政,对有宋一朝的社稷毫无建树。

赵佶当上皇帝之后,他原先身边的狐朋狗友也跟着得道升天,这当中就有被世人称为"六贼"的蔡京、童贯、王黼、梁师成、朱勔和李彦。这些人投其所好,与宋徽宗嬉戏享乐,荒淫无度,结党营私,鱼肉百姓。

宋徽宗不仅亲小人、远贤臣,为了搜集各种珍奇,他专门设立物品造作局,里面有很多豪奢的器物,专供王室享用;为了搜集奇花异石,又设立应奉局,将采集的奇花异石通过航道运往开封供自己赏玩,运输的船队名曰"花石纲"。谁家有奇花异石,就会被强制征缴,征来的奇花异石被源源不断地运往开封,所经之处横行无阻,甚至会因为木石巨大难以通过而直接拆毁桥梁。

此外，在蔡京等人的鼓动下，徽宗还大兴土木建造宫殿，用来陈放他从各地搜刮来的珠玉宝器、奇花异石、珍禽异兽等。政和四年（1114），兴建新延福官，宫内殿台亭阁相望，凿池为海，疏泉为湖，宫内的珍奇异兽，数以千计，名花佳木，什么种类都有。政和七年（1117），徽宗又在开封城东北、景龙江之南凭空建造了"万岁山"，历时六年终于建成，后更名为"艮岳"。"艮岳"方圆十余里，山高达八九十步。山高林深、禽兽成群，园池楼阁无不具备。宋徽宗起初子息不旺，道士刘混康建议"垫高东北地势，自有多子之运"，开始建造万岁山后，徽宗竟连连得子。

宋徽宗极力推崇道教，政和元年（1111），徽宗称太上老君托梦告诉他"汝以宿命，当兴吾教"。刘混康胡编的预言成真后，徽宗更是以兴盛道教为己任。三年（1113），建玉清阳和宫，奉安道像，赐方士王老志号洞微先生；赐王仔昔号通妙先生；十一月，又在圜丘礼天。四年（1114），徽宗颁布诏书，仿照宋朝官制设置道阶、道官。六年（1116），徽宗又立道学，编道史；设置道学考试，形同科举。七年（1117），道箓院上章，册封宋徽宗为"教主道君皇帝"，他在崇道之路上越走越远。宣和元年（1119），他将佛祖改称"大觉金仙"，将全国寺院改称"宫观"，僧人、尼姑都必须改穿道衣。

宋徽宗风流不羁，对官外的事物充满好奇心，曾在宫中大摆集市，命宫女、太监扮成城中百姓，自己化装成乞丐乞讨。他还常常微服出宫，流连于花街柳巷，闹得满城风雨。

北宋"六贼"

北宋"六贼"是北宋年间六个大奸臣的统称，分别是蔡京、童贯、王黼、梁师成、朱勔、李彦，他们都是宋徽宗时期的大臣，六人当中有三人是宦官。

蔡京是一个投机分子，熙宁变法期间，他得到王安石的重用；司马光主持元祐更化，他又倒向保守派一边。绍圣绍述时期，蔡京又成为变法派的中坚力量。蔡京当上宰相之后，又大肆排除异己，不论新党旧党，只要与自己政见不合，一律贬黜。为人反复无常，两面三刀。徽宗继位后，他又极尽溜须逢迎之能事，撺掇徽宗横征暴敛，穷奢极欲，被称为徽宗一朝的第一奸相，"六贼"之首。

在人品、为官、从政方面，蔡京可谓一无是处，称他为"国之蛀虫"毫不为过；在艺术方面，蔡京却极具才华，当初也正是靠自己的书画作品才得到徽宗的青睐。传他与苏轼、米芾、黄庭坚并称"宋四家"，但因人品为人所不齿，后人将他踢出"宋四家"，改由蔡襄代替。

童贯快二十岁时才成为阉人，因相貌较好，受到徽宗的喜爱。他办事灵活，会察言观色，阿谀奉承，很得徽宗欢心。徽宗派他去杭州搜集古玩字画，在杭州，他结识了一心攀缘的蔡京。这两人相互勾结，沆瀣一气，最终双双平步青云。蔡京被世人称为"公相"，童贯被称为"媪相"。

在蔡京的帮助下，童贯逐渐进入政坛，因在西北做监军时立了军功，童贯一路升至知枢密院事。之后二十年，童贯竟掌握了宋朝的军事大权，最后当上了最高级别的武官——检校太尉。

民间有一句谚语:"打破筒,泼了菜,便是人间好世界。"其中"菜"是指蔡京,"筒"是指童贯。

王黼,崇宁年间进士。他才学不高,但是善于巧言献媚。最初,他由何执中推荐升为校书郎,后又靠依附蔡京而发迹。王黼父丧辞官守孝,五个月后,被朝廷重新起用为宣和殿学士。他拜宦官梁师成为父,倚仗梁师成的势力平步青云。宣和二年(1120),他连晋八级,接替蔡京成为宰相。掌权之后,他大肆搜刮民脂民膏,自己的府邸就跟皇宫一样奢华;他还明码标价,卖官鬻爵,民间有言"三千索,直秘阁;五百贯,擢通判"。

梁师成本是一个稍微通一点文墨的宦官,靠曲意逢迎得到宋徽宗的恩宠。他胆大无赖,对外宣称自己是苏轼的儿子。崇宁年间,元祐党人遭到迫害,苏轼的诗文在禁毁之列。梁师成向徽宗哭诉:"我的先辈有什么罪过啊!"苏文竟因此得以留存。因是徽宗近臣,诏令颁布都要假于他手,他找人模仿宋徽宗的笔记,掺杂在诏书之中,旁人莫能辨别真伪。

梁师成的权力越来越大,巴结他的人也越来越多。不仅王黼拜他为父,连蔡京父子也要攀附他。他身兼近百个官职,时人称之为"隐相"。

朱勔是宋徽宗的宠臣,宋徽宗沉迷于奇花异石,他就投其所好,在苏州设立了应奉局。耗费大量财力、物力、人力,将花石通过航道运往开封。打着搜集花石的名义,他在东南一带无所不为,大肆搜刮,敲诈勒索,侵占田产、资财无数。

李邦彦,原名李彦,人称"浪子宰相",相貌俊美,风度翩翩。他因在民间长大,所以擅长把街头巷尾的俗语俚词撰成词曲,还擅长讲笑话,踢蹴鞠,受到徽宗的喜爱。靖康元年(1126),金军南下,宋徽宗禅位给宋钦宗,李邦彦坚决主张割地求和,直接导致北宋灭亡。

徽宗一朝,除了这六位贼臣,还有各种趋炎附势之人,例如苏轼的书童高俅,因为蹴鞠踢得好,受到徽宗赏识,一度官至使相。内侍杨戬因参与修建延福官，又会揣摩上意，历任三镇节度使，还升至太傅。徽宗崇道，他身边还环伺了许多胡吹乱侃的道士。此时整个宋王朝，君王不思进取，朝臣阿谀谄媚，百姓民不聊生，边境危机四起。

大宋：书生挽狂澜

宋江起义

　　北宋末年，宋徽宗昏庸无能，又好宠幸奸佞，宋王朝进入了最黑暗的时期。朝廷连年大肆"括公田"，土地兼并十分严重，许多农民倾家荡产。蔡京、童贯等人又以各种名义鱼肉百姓，致使人民生活穷困潦倒、饿殍遍野。在这种情况下，许多无法维持生计的百姓只好落草为寇。

　　宋江，山东省郓城县水堡乡宋家村人。宣和元年（1119），他与晁盖、吴用等三十六人占领梁山泊，招募义军，举行起义，群众纷纷云集响应。义军一路攻占河朔、山东一带，所到之处，声势浩大，宋军无力抵抗。

　　宣和三年（1121）初，亳州知州侯蒙上书宋徽宗："宋江凭借三十六人，就能够横行河朔、京东。我军官兵数万，却无人能抵挡，说明宋江此人必有过人的才华。倒不如免去他的罪过，让他投靠我们，然后派去征讨方腊起义军，平定江南地区的叛乱。"徽宗接受了侯蒙的建议，任他为东平知府。然而侯蒙还未来得及赴任便因疾病而死。徽宗于是又任命了张叔夜为海州知州，负责围剿宋江起义军。

　　二月，宋江率起义军乘船奔赴海州，张叔夜派千余名官兵在海州城郊设下埋伏，派轻骑兵引诱宋江起义军离海作战。宋江果然中计，起义军弃船登陆之后，立即遭到了张叔夜官兵的围剿。张叔夜命人烧毁起义军战船，致使起义军后路被断，损失惨重。最终，宋江率众投降，接受了朝廷的招安。

　　据说宋江起义军被朝廷招安后，又被派去江南征讨方腊起义军，此事史学界尚无定论。其时，宋江起义只是北宋末年众多农民起义中规模较小的一次，但是起义军三十六人的传奇事迹，在民间口口相传，不断被赋予传奇色彩。元末明初人施耐庵（《水浒传》的作者究竟是谁，史学界亦无定论，一说是罗贯中）根据这些传奇轶事，把有关梁山泊的人物和故事进行整理加工，著成章回小说《水浒传》，作品一经问世，便在社会上产生了巨大的反响，人们争相传阅。从此，梁山泊一百零八将的故事流传至今。

如今，山东郓城、梁山一带还流传着"去时三十六，来时十八双。若是少一人，誓死不还乡"的民谣。

方腊起义

方腊,又名方十三、方世腊,是睦州青溪的一个漆园主。青溪物产丰富,盛产漆料、石料。朝廷在苏州设立应奉局,由朱勔负责,他以搜集奇花异石为名,巧取豪夺,令百姓苦不堪言。方腊家的漆园就多次遭到应奉局的敲诈勒索。最终,他忍无可忍,揭竿而起。

方腊利用摩尼教"二宗"(明、暗)、"三际"(过去、现在、未来)之说,号召组织了大量教众。宣和二年(1120)十月初九,方腊召集了百余名摩尼教的群众在漆园集会。方腊在会上激动地说道:"天下国家,本同一理。现如今老百姓终年辛苦耕织,却吃不饱、穿不暖。劳动成果都被官府抢得精光,百姓稍微有一点不满意就会受到残酷对待,至死方休。你们甘心忍受吗?"大家都说:"不能!"方腊又说:"如今赋役繁重,渔业、农桑都不足以供应。我们赖以生存的木业、漆业,又被朝廷大肆索取,一点都不留给百姓。官府暴虐至此,天下人的心,能没有愤怒吗?况且除了这些花费,年年还要给西北两大仇敌数以百万计的银绢,这些都是我们东南人民的血汗啊。两大仇敌年年侵扰中原,朝廷却毫无办法。而我们终年辛劳,妻子儿女却挨饿受冻,想吃一天饱饭都难。大家认为我们该怎么办?"众人听了,群情激愤,纷纷说道:"听你的!听你的!"

方腊分析了当前的形势:"如今朝廷已经没有贤臣了,当权者全是龌龊邪佞之徒,只知道以声色犬马蛊惑圣上。上至朝臣,下至地方官,都贪污腐败成风。东南的百姓苦于剥削太久了。近年来的花石纲,尤其令人难以忍受。大家如果能够揭竿而起，四方之士必定会闻风响应，十来天就能召集数万之众！"这便是历史上有名的"漆园誓师"。

起义军的队伍迅速壮大起来。宣和二年（1120）十一月，起义军建立农民政权，方腊正式称帝，自号圣公，建元"永乐"。起义军将帅分为六等，头扎六种不同颜色的头巾作为标志。十一月底，起义军攻下青溪县城，之后又攻下睦州、歙州等地。起义军队伍由数千人扩充到数十万人。十二月底，方腊的妹妹方百花率众血战涌金门，大破杭州城，朝野上下无不震惊。

起义军声势大震，东南州郡纷纷响应。仅三个月时间，起义军就占领了睦州、歙州、杭州、处州、婺州和衢州，共六州五十二县。起义军队伍也扩充至数百万人。方腊打算划江而守，计划十年内推翻宋王朝。

起义军纪律严明，与百姓不分你我，受到百姓的爱戴。他们每到一个地方，就杀掉作恶的宋朝官员，足见百姓对宋王朝的积怨之深。起义军每离开一个地方，当地百姓都非常不舍，浙江桐乡的乌镇有一座"哭送亭"，据说就是当时百姓哭送起义军的地方。

方腊起义后续

宋徽宗见方腊起义军发展迅猛,惊慌不已。他任命知枢密院事童贯为江、浙、淮南等路宣抚使,率军十五万南下镇压方腊起义军。

童贯到达苏州后,看到当地百业凋敝,民不聊生,人们都说方腊之所以举事起义,皆是因为受花石纲所迫。童贯认为,要想平定方腊起义,必须罢去花石纲,以争得民心。宋徽宗十分不满,但还是罢免了朱勔的职务。

方腊占领杭州以后,犯了战略性的失误,没有听取太学生吕将的建议,乘胜北上攻占江宁,以守住长江防线,而是选择了"尽下东南郡县"的计划。宋朝官兵抢先占领了江宁、镇江等长江沿岸的军事要地。方腊将起义军兵分三路,军队主力进攻南方的婺州、衢州等地,取得了一定的胜利。

东路起义军北上进攻秀州,起义军入城之际,与城内守军酣战之时,朝廷援军赶到,起义军遭到守军和援军的内外夹击,损失惨重,只好退守杭州。官兵乘胜追击,起义军被迫与官兵交战六天六夜,战况十分惨烈。宣和三年(1121)二月底,起义军失败,官兵攻下杭州。

西路北上的起义军从歙州进军江宁,一度攻克了宁国、旌德,但随后被大批官兵围剿,惨遭失败。宁国、旌德、歙州相继失守。至此,东西两路北上起义军完全失败。

三月,朝廷又增派数路援军南下镇压起义军。四月,官兵相继攻下了婺州、衢州,起义军主力遭受重创。四月十九日,起义军弹尽粮绝,节节败退,被逼退到青溪帮源洞,进行殊死抵抗。最终,大部分起义军壮烈牺牲,方腊被韩世忠所擒,被押往开封,是年被朝廷处死。

方腊起义主力军失败后,剩余起义军向浙东转移,与在浙东活动的几支起义军会合,他们负隅顽抗,坚持斗争长达半年之久,直到第二年春天,才被朝廷彻底镇压。

起义被镇压后,宋徽宗又开始沉迷享乐,王黼乘机煽风点火,说方腊起义是由茶盐法引起的,与应奉局无关。宋徽宗于是立刻恢复了应奉局,朱勔父子再次被任用。东南地区的百姓重新陷入水深火热之中。

方腊起义与宋江起义基本同时发生,其规模和影响力都远超后者。后来,人们将青溪帮源洞更名为"方腊洞",用以纪念这位杰出的农民起义军领袖。尽管起义最终以失败告终,但是它却沉重地打击了宋王朝的统治,这个内有厄困、外有忧患的北宋王朝已然摇摇欲坠。

海上之盟

北宋时期，辽朝东北部的女真部落，在领袖完颜阿骨打的带领下渐渐崛起。政和五年（1115），完颜阿骨打在会宁宣布独立，建国号金，改元"收国"，完颜阿骨打即金太祖。之后，金朝便开始对辽战争。

当时辽朝政治腐朽、经济衰落、军备懈怠，已属强弩之末。完颜阿骨打率军攻辽，取得了不少胜利。而辽朝一路败退，元气大伤。双方开展了谈判，辽天祚帝打算让金朝成为自己的属国，完颜阿骨打则要求辽朝承认金朝独立，双方僵持不下。

一直以来，燕云十六州都是宋朝历代统治者心头的一根刺，此地战略位置显要，边境少数民族经常以此为据点南下侵犯宋朝。宋朝从开国之初就一直想收复燕云十六州，然而直至宋朝鼎盛之期结束，该问题一直都没有解决。宋徽宗虽然耽于享乐，不务正业，但也想着借此机会建立百世功业。

金太祖屡败辽朝的消息传到宋廷，宋徽宗和蔡京、童贯合议，打算联金抗辽，收复燕云十六州。政和元年（1111），徽宗遣童贯出使辽朝，在出使辽朝期间，童贯结识了马植。马植在辽任光禄卿，因为人奸诈，不受同僚待见。适逢童贯经过卢沟时，他便急忙求见，说要向童贯呈献灭辽大计。童贯听了马植的慷慨陈词，于是将他带回宋朝，觐见宋徽宗。

马植向徽宗呈上了自己的灭辽之计："女真族恨辽入骨，如果派遣使者从登州、莱州渡海，去与金人通好，相约攻下辽朝，国之兴盛指日可图了。"徽宗听罢大喜，认为自己有望完成祖宗遗愿，实乃天赐良机，于是他奉马植为座上宾，让其参与收复燕云之大计，并为他赐国姓"赵"，更名"赵良嗣"。

重和元年（1118）二月，徽宗派武义大夫马政出使金朝，向金太祖说明宋朝有意与之交好，联合攻辽。金太祖留下一部分人作为人质，派遣散觇和李庆善等人持国书并携带大量金银珠宝及特产出使宋朝，以探听宋朝的真实意图。

宣和二年（1120），宋徽宗再遣赵良嗣以买马通好的名义出使金朝，订立联合攻辽的条约。然而宋徽宗在给金太祖的御笔书信中，犯下严重的错误，他在信中说，战争胜利后，宋朝要收复"燕京所管州城"，而不是燕云十六州。尽管赵良嗣在谈判中尽量扩大燕京所辖区域，要求恢复长城以南一切汉地，却被金人以西京、平州、营州等不属于燕京管辖为由断然拒绝。

经过宋金双方反复磋商，盟约规定：宋攻辽西京大同府和南京析津府，金攻辽中京大定府；灭辽之后，宋将澶渊之盟输给辽的岁币转给金朝，金朝将燕京故地交还给宋。

由于双方在地理上无法直接接触，使节通过乘船渡海的办法签订了盟约，因而被世人称为"海上之盟"。

自掘坟墓

联金攻辽的计划一出，便遭到朝中部分大臣的激烈反对。太宰郑居中认为，自澶渊之盟以来，已休兵百年，贸然攻辽，毁坏盟约，极不可取。况且战争胜负难料，不可轻启战端。

枢密院执政邓洵武认为，国家目前百业凋敝，兵力薄弱，正应该扶弱抑强。联合强金攻取弱辽，无异于与虎谋皮。并指出，难保金朝强大后没有灭掉宋朝的野心。

盟约签订后，宋徽宗本打算让童贯领兵出征。然而当徽宗得知自己联金攻辽的计划已经被辽朝知晓时，他非常后悔，害怕日后遭到辽朝的报复，于是他选择按兵不动。这种不讲信用的行径为日后金朝撕毁盟约埋下了种子。

此时金朝开始攻打辽朝，势如破竹，锐不可当。辽天祚帝逃往西京，后又逃往夹山，命耶律淳留守南京。此时，辽朝贵族之间不断内讧，因天祚帝不知所踪，宰相李处温和辽朝贵族耶律大石拥立耶律淳为天锡皇帝，史称"北辽"，天祚帝被废为湘阴王。

宋徽宗见辽朝败局已定，这才任命童贯、蔡攸为正副统帅，率十五万大军攻辽，想要坐收渔利。谁知，辽朝军队虽不敌金军，但却远胜军备懈怠、军纪懒散的宋朝军队。宋军不堪一击，退守雄州。

宣和四年（1122）七月，耶律淳病死，辽朝内乱。宋徽宗见又有可乘之机，于是命童贯、蔡攸再次出兵。九月，辽涿州守将郭药师率八千常胜军投降了宋朝。童贯派刘延庆、郭药师率十万大军攻打燕京。结果宋军再次大败而归。

宣和五年（1123），金太祖攻下辽中京与西京后，亲自率军攻下了燕京。赵良嗣奉命与金人谈判，履行交割事宜。宋朝在攻辽的过程中如朽木枯株，寸功未立，所以金人对待宋朝态度强硬，提出只将燕京六州二十四县交还宋朝，另外还需再交一百万贯钱作为"燕京伐租钱"。此外，金朝还再次提出了二十万两的犒军费，借粮十万斛等等附加条件，宋徽宗全部应允。宋朝还要求归还云州，因这年秋天金太祖病逝，金人拒绝履行条约。

四月，双方交割燕京。金军退出燕京城前，将财物、人口全部席卷一空。童贯、蔡攸来接收时，燕京已成为一座空城。然而宋朝上下仍盲目乐观，宰相王黼还上表祝贺徽宗建立了"不世之功"，宋徽宗也以为自己完成了宋太祖、宋太宗未竟的事业。他喜不自胜，大赦天下，给童贯、蔡攸、王黼等人加官晋爵，还命人作《复燕云碑》为自己歌功颂德。宋朝上下一时之间沉浸在这种精神胜利的喜悦中，殊不知，自己已成为他人的囊中之物。

◁◀ 大宋：书生挽狂澜

徽宗禅位

宣和五年（1123）秋，金太祖完颜阿骨打病逝，其弟完颜吴乞买即位，是为金太宗。金太宗继续率军攻打辽朝，辽兵节节败退。宣和七年（1125），辽天祚帝被俘，辽朝彻底灭亡。西夏王李乾顺被迫向金称臣。这样，金朝在西部和西北部都已经没有任何威胁，接下来就将集中全力南下攻宋。

宣和七年（1125）十一月，金太宗安排完颜宗翰、完颜宗望分别率领西路军和东路军进攻太原和燕京。西路军直抵太原，预备攻下太原后与东路军在开封会合。东路军先后攻克檀州、蓟州。燕京主将童贯以上报军情为借口逃往开封，副将郭药师因此前宋廷在处理辽朝降将张珏时违背信约，对宋廷已无忠信可言，此时见金军来势汹汹，便投降金军，做了金军攻宋的向导。在他的带领下，金军很快便攻占了庆元府和信德府。

宋徽宗原以为自己收复燕云故地，便可以高枕无忧，继续寻欢作乐。直至金军南下，宋徽宗才惊慌不已，意识到赵宋王朝已经岌岌可危。万般无奈之下，他颁布了"罪己诏"。诏书中，对自己执政二十余年的功过得失进行了总结，说自己虽然兢兢业业，但仍然过失不断，是由于自己天赋不高。多年来闭目塞听，导致小人得志，奸邪掌朝，而贤臣多遭贬黜，朝政紊乱。百姓负担沉重，边防军备松懈，灾异屡现，民怨载道，这些都是他的过错，他十分后悔。之后，他废除了方腊起义后恢复的花石纲和应奉局，想重拾民心。但金军南下的步伐已经不可阻挡，宋徽宗这才慌忙号召各地官兵前来支援。

援兵尚未赶到京师，金军就已经兵临城下。此时，宋徽宗本打算逃往镇江避难,却被给事中吴敏制止。吴敏联合太常少卿李纲劝说徽宗,只有让太子出来主持大局,才能令四海归心,军民一致抗敌。吴敏还要求徽宗在三天之内禅位于太子,以便新皇有时间组织军民抗金。徽宗答应下来,并任命吴敏为门下侍郎,辅佐太子。

宣和七年(1125)十二月,宋徽宗坐在御床上,拉着蔡攸的手说:"没想到金人竟然会这样……"话未说完,便一头栽倒下去,人事不知。群臣们赶紧灌药急救,过了好一会儿,徽宗才悠悠转醒。徽宗醒来以后,问旁人要了纸笔,颤颤巍巍写下退位诏书,传位东宫。他命吴敏起草退位诏书,传位于太子赵桓,自己退居龙德宫,号"教主道君皇帝",称"太上皇"。事实上,这只是徽宗为了退位,由他主导、群臣配合而演出的一场戏。

宋徽宗成了宋朝历史上第一个太上皇,太子赵桓即位,是为宋钦宗,改年号为"靖康",意为保佑国家太平安康。但没想到这个年号却被永远地钉在了历史的耻辱柱上,成为宋朝军民永远无法忘却的伤痛。

钦宗献金求和

靖康元年（1126）正月，金军占领相州、浚州，因为宋钦宗的犹豫不决，竟然轻易放弃了黄河这道天然屏障，金军仅用了五天时间就顺利渡过黄河。

宋徽宗听闻战事告急，惊慌不已，竟然带着蔡京、蔡攸父子，童贯、高俅等人逃往镇江避难。这帮人平常作威作福、鱼肉百姓，在国家危难的时刻竟然抱头鼠窜、临阵脱逃，朝野上下愤怒不已，纷纷对这群人口诛笔伐。太学生陈东带头上书，要求诛杀以蔡京为首的"六贼"，"传首四方，以谢天下"。朝臣们纷纷附议。宋钦宗不得不顺应民心，将王黼流放永州，王黼最终被盗人杀死在途中；李彦和梁师成被赐死；童贯、朱勔在流放途中被赐死，蔡京病死于途中。一时间，他们的党羽纷纷逃窜。

金军兵临城下，徽宗南逃，朝野上下一时士气大衰，宋钦宗打算躲到陕西去，被李纲坚决制止。于是他任命李纲为东京留守、尚书右丞主持防务。李纲带领守城将士多次抵御了金军的攻击。完颜宗望见一时无法攻下开封城，于是派遣使者，前往宋廷议和。金使提出：宋朝割让太原、中山、河间三镇给金朝；给金朝五百万两金、五千万两银、牛马各万头、帛缎百万匹；归还逃到汉地的燕云之人；要求宋君尊金朝皇帝为伯父，并且将宰相、亲王作为人质送往金朝。这种极度屈辱的议和条件遭到了李纲等人的坚决反对，然而，宰相李邦彦、张邦昌却力劝宋钦宗答应议和条件。钦宗胆小无能，一心求和，于是答应了金朝提出的所有条件。钦宗派康王赵构和宰相张邦昌出使金朝，实则是做人质。同时为了偿还金朝提出的纳币要求，又大肆搜刮民脂民膏。

正当此时，种师道、姚平仲等人的勤王军抵达开封，各地援军也有十万之众，而金军总数只有六万。宋军在兵力和声势上都超过金军，形势转向对宋军有利的一面。金军于是开始撤退。

姚平仲听说康王赵构被作为质子留在金营中，便提出夜袭金营、迎回康王、生擒完颜宗望的计策来。谁知消息被泄露，宋军前去劫营时，遭到了金军的伏击，姚平仲大败，畏罪逃亡。

完颜宗望向宋廷追究劫营的责任，宋钦宗和李邦彦害怕议和不成，于是将李纲和种师道推出来当替罪羊，企图通过罢免二人的官职来向金军求和。一时间朝野哗然，群情激愤。太学生陈东再次率领千余名太学生伏阙上书，请求复用李纲和种师道，罢免李邦彦。城中还集结了数万军民。李邦彦入朝时，愤怒的大臣们历数其罪，有人还要殴打他，李邦彦匆忙之下跑出朝堂，侥幸逃脱。

迫于巨大的舆论压力，钦宗恢复了李纲和种师道的职位。金军见宋朝勤王军队聚集，而己方援军迟迟未到，心中有所顾忌。金人又怀疑康王赵构并非亲王，于是要求换人质。钦宗求和心切，改派肃王赵枢前去做人质，将赵构、张邦昌换回。钦宗答应割让三镇，金军等不及宋朝筹足岁币，便带着从宋廷搜刮来的钱财撤军了。

金军的二次南下

徽宗逃往镇江以后,又在镇江大肆修建官室,本打算在镇江长期居住。金军撤退以后,宋钦宗派李纲"迎请"太上皇回京。靖康元年(1126)四月,宋徽宗又大摇大摆地回到了开封,丝毫不为自己临阵脱逃感到羞耻。

金军退兵,宋钦宗以为自己可以高枕无忧,对金军完全放松了戒备。徽宗南逃时,仍处处不肯放权,回京后,父子二人相阋,钩心斗角。宋钦宗听信谗言,将李纲、种师道等主战派罢职,对他们提出的抗击金军的建议不予理会。李纲被派去太原,然而手无实权,只得被迫去职。种师道被罢为官观使,是个闲职。

此时,御史中丞许翰上书,认为不应该解除种师道的兵权。宋钦宗却以种师道年纪大为由而不用。然而,荒唐的宋钦宗竟然想说服被迫降金的耶律余睹在金朝发动政变,于是他修书一封,请金朝使者萧仲恭转交耶律余睹,并许以重金。萧仲恭回国以后,立刻将信件交给了金太宗。这让金太宗再次找到由头攻打宋朝。

八月,金太宗以宋朝未如约割让三镇为由,出兵攻打宋朝。金太宗仍旧命完颜宗翰、完颜宗望为左、右副元帅,分别从东、西两路进军。九月初,东路军很快攻破太原;十月初,两路军会师,很快又攻下真定府。钦宗一时慌乱不已,立刻派人前去求和。康王赵构和刑部尚书王云行至磁州之时,磁州军民正在全力备战,群情激愤,王云被反对割地求和的民众杀死,磁州知州宗泽劝说赵构不要前往金营,于是赵构南下去往相州。这件事后来影响到整个宋朝的命运。

十一月,东、西两路军相继渡过黄河,没过多久,便直抵开封城下。钦宗此时才后悔没有听从李纲的意见。他急忙召李纲回京,还派人去相州找赵构,封他为天下兵马大元帅,要求他们火速进京勤王。然而天高皇帝远,李纲贬所过于遥远,尚不及到京城,开封已然摇摇欲坠。

此时,钦宗听信了兵部尚书邱濬的建议,找来了一个江湖术士,名叫郭京,他号称自己会"六甲法",有"移山倒海、撒豆成兵、隐形潜身"的通天之能。经过他施法后,"六甲神兵"将刀枪不入,生擒完颜宗翰、完颜宗望不在话下。于是,不到半个月的时间,郭京便在城内召集了七千七百七十七名"六甲神兵",这些神兵实则都是些市井之徒。有些武将要求加入,还被郭京断然拒绝。

金军围困开封城,郭京却迟迟不肯用兵,声称不到万分危急的时刻,绝不出师。最后在军民的催促下,他要求驻守城门的军民全部离开,打开宣化门,派七千七百七十七名"六甲神兵"出城迎敌。结果,这些"神兵"既不能刀枪不入,也毫无作战经验,被金军打得四处溃逃。郭京见战事失利,对守城将领张叔夜说:"看来还是需要我亲自出马。"他缒城而下,带着"六甲神兵"的残部向南逃跑了。金军趁势攻下开封外城。

郭京一面逃跑,一面继续大言不惭地吹嘘自己拥有"撒豆成兵"的神力,他逃到襄阳后,又有六千余信众跟随。郭京找到一个赵家宗室,想立他为帝,被襄阳守将张思正、钱盖、王襄等人阻止。后来有从开封逃过来的人揭穿了郭京的谎言,张思正关押了郭京,之后把他杀掉了。

靖康之变

开封陷落，朝野上下乱作一团。宋钦宗急忙派宰相何㮚向金人求和。完颜宗翰、完颜宗望要求宋徽宗必须亲自前去。宋徽宗不敢去，宋钦宗只得代替他去。

宋钦宗与何㮚前往金营，递上降表。金人在青城斋宫中设置香案，要求宋朝君臣面北跪拜，宣读降表，并答应金人各种苛刻的议和条件。靖康元年（1126）十二月，宋钦宗被放回。钦宗回到东京时，城中百姓和臣子们在道旁迎接。钦宗想到自己在金营所受的屈辱，不禁号啕大哭。

金朝大肆向宋朝索要财物，要求宋朝给他们金一千万锭，银两千万锭，帛一千万匹，还要求贡女三千名，少女一千五百名等。宋钦宗将国库掏空也无法满足金人的要求，只得在百姓头上大肆搜刮，城中百姓人人自危，哭告无门。钦宗派人四处搜捕年轻女子，数目不够时，甚至拿自己的妃嫔充数。不少女子因不堪受辱而选择自杀。一时间，曾经繁华鼎盛的汴京城沦落为人间地狱。

靖康二年（1127）正月，宋钦宗再去金营谈判，结果却被金人扣押，金人要求宋朝交足金银之后才肯放回钦宗。钦宗只好再命人彻底搜刮百姓钱财。二月，金太宗下诏将宋钦宗废黜，又将宋徽宗、亲王、皇子、妃嫔、百官、宫人等全部押送到金营做了俘虏。金人还将各种礼器、珍宝也洗劫一空。

为了防止宋朝东山再起，三月七日，金人册封此前在金朝做人质的宰相张邦昌为帝，建国号为"大楚"，意欲以黄河为界，作为统治南方的傀儡政权。

四月，完颜宗翰、完颜宗望押解被俘虏的宋徽宗、宋钦宗和赵氏的皇子、妃嫔、亲王、大臣、宫女、宫人等三千余人以及搜刮来的金银财宝去往金朝。被俘的君臣中，张叔夜、何栗半路绝食而死。皇家成员当中，只有当初居住在民间的宋哲宗的废后孟氏和南下相州的康王赵构侥幸逃过一劫。

宋徽宗、宋钦宗二帝被俘到金朝以后，被人扒下龙袍，二人被勒令换上白色丧服，去金朝宗庙拜谒金太祖完颜阿骨打，意即向太祖献俘。在场的宋臣无不吓得魂飞魄散，只有吏部侍郎李若水上前怒骂完颜宗翰。之后，宋徽宗被封为昏德公，宋钦宗被封为重昏侯，关押在五国城。

二人在金朝受尽各种折磨，却抱着能回归故国的幻梦。绍兴五年（1135），宋徽宗去世，时年五十三岁，传说他的尸体还被烧成了尸油。绍兴二十六年（1156），宋钦宗被乱马踩死，时年五十七岁。事实上，据说当时的皇帝宋高宗害怕父兄回来后威胁到自己的皇位，故而有意不接他们还朝。

至此，北宋彻底灭亡。这一事件，在历史上被称为"靖康之变"。山河破碎，二帝被俘，对于宋朝君臣都是极其屈辱惨痛的回忆，所以又被称为"靖康之耻"。岳飞在他的著名的词作《满江红》中写道"靖康耻，犹未雪。臣子恨，何时灭"，尤可见靖康之变给宋王朝留下的创痛之深。

南宋篇：直把杭州作汴州

高宗即位

靖康之变中，康王赵构因不在汴京开封侥幸逃过一劫。这让他成为唯一一个未被金人掳走的皇室亲王，金军撤退后，赵构听从了宗泽的建议，移师南京应天府，于是继承大统的重任便顺理成章地落到了他的头上。

此前，金人册封宰相张邦昌为帝，但张邦昌从来不敢以皇帝自居，他不坐龙床，不穿龙袍，金军一离开开封，他就派人四处寻找赵构。而此时，一直居住在宫外的宋哲宗的废后孟氏也逃过一劫，张邦昌将孟后迎回宫中，尊其为元祐皇后，并请她垂帘听政，自己退居太宰之位。从建号"大楚"到政权结束，张邦昌仅做了三十三天的傀儡皇帝。

靖康二年（1127）五月，孟氏以太后的名义下诏册立康王赵构为帝，是为宋高宗。宋高宗尊孟氏为隆祐太后，将年号改为"建炎"。历史上称"南宋"。

宋高宗即位后，宋朝的臣民本寄希望于赵构能中兴大宋，然而事实上，赵构只求苟安，贪图享乐，并没有收复河山的雄心壮志。

张邦昌与赵构当初同在金营为人质，有过一段患难之谊，高宗能顺利即位，也有张邦昌的功劳。高宗即位后，一开始封张邦昌做了太保、奉国军节度使、同安郡王。但是，主战派李纲担任宰相后，立刻开始弹劾张邦昌投降金人。高宗内心一直对张邦昌的僭越之举存有芥蒂，于是借着这些弹劾上书，顺理成章地赐死了张邦昌。

这时候，宋高宗口头上虽然表明自己要聚集兵马粮草，收复中原，但事实上，他已经做好了南逃的准备，还将孟太后和后宫中人从开封接到应天府。

不久，金人以张邦昌被废为借口出兵攻宋。宋高宗立刻做好了南逃避祸的准备，遭到李纲的坚决阻止。高宗早就对李纲心怀不满，他联合投降派的黄潜善、汪伯彦等人处处刁难李纲，李纲最终被罢相。

　　当时朝中有两人——太学生陈东和布衣士子欧阳澈。陈东在北宋末年多次率领太学生上书谏言，这一次他指出应重用李纲，作收复中原之大计。但他指出高宗不应即位，否则钦宗还朝以后朝中将有两位皇帝共存，这极大地触到了高宗的逆鳞。欧阳澈则上书指责高宗不务正业，耽于美色，高宗非常愤怒。于是，二人被问斩。

　　有宋一朝，自太祖始，便立下"不得杀士大夫及上书言事人"的誓约，赵氏历代的皇帝也谨遵太祖之言。然而宋高宗赵构却为了贪图一己享乐，既不思对外抗击御辱，只求苟且偷安，也不思国内民生大计，反而暴力压制反对的声音，违背了这条誓约。宋朝的中兴之路便在赵构的醉生梦死中逐渐走向幻灭。

南宋篇：直把杭州作汴州 ▶▷

七十七日宰相

李纲，字伯纪，少年时便有报国之志，常年随父亲在军营里生活。政和二年（1112），李纲考中进士，走入仕途，一直升任至监察御史兼权殿中侍御史，因为上书言事得罪了当朝权贵而被贬。之后，李纲又因上书谏言徽宗不应联金攻辽再度被贬。

宣和七年（1125）秋，李纲才回到京城，任太常少卿。这年冬天，金人撕毁盟约，大军南下攻宋。宋徽宗慌乱不已，准备南逃。李纲上书坚决阻止，提出《御戎五策》，他对给事中吴敏说："皇帝难道是想让太子留守京城吗？如今敌军猖獗，不传位于太子，就不能招徕天下豪杰之士。东宫以恭俭之德闻于天下，可以守住宗庙社稷。"并且劝说吴敏向徽宗谏言。吴敏说："何不让太子监国？"李纲回答说："唐肃宗灵武即位，不建立国号不足以复邦，而唐玄宗不提出建号，后世都为此可惜。您将这话说与他，一旦施行，不愁天下不保。"

第二天，吴敏告之徽宗李纲之言，徽宗传旨召见李纲。李纲刺破手臂，写下血书一封："皇太子监国，这是平常的典礼。如今大敌来犯，生死存亡在一夕之间，还可以抱守常礼吗？名分不正而当大权，如何能号令天下？如果传位于太子，让太子为陛下守护宗庙社稷，才能令将士归心，拼死抗敌，天下可保。"徽宗看了血书，便下了内禅的决心。

但钦宗即位后，并没有如李纲设想的那样成为抗金的中流砥柱，他见宋军节节败退便想逃跑。李纲力劝钦宗留守，并组织军民共同守卫京城，抗击金军。在李纲的率领下，宋军多次击退了金军的进攻。

金军暂时撤退后，钦宗顿时觉得可以高枕无忧，加上听信小人谗言，给李纲冠上了"专注战议，丧师费财"的罪名，将他远远贬至宁江。这年秋天，金军再度南下攻宋，钦宗急召李纲回京师勤王，然而李纲军队行至长沙附近，汴京便已失守，二帝被俘，北宋灭亡。

靖康二年（1127）春，宋高宗赵构即位，他任命李纲为尚书右仆射兼中书侍郎。李纲立刻提出自己的改革举措，希望能整顿军备，改革弊政，以复兴河山。然而赵构并非明主，胆小怕事，闻金军而色变，并无复国之志。

八月，高宗任命自己的两个心腹黄潜善为右相、汪伯彦为知枢密院事，使李纲为左相，意在让二人钳制李纲的权力。之后，宋高宗和投降派处处刁难李纲，还弹劾李纲"杜绝言路，独擅朝政"。无奈之下，李纲提出辞职，宋高宗顺势罢去其宰相之位。从踌躇满志入朝为相到心灰意冷、黯然退场，仅历时七十七天，所以后人称李纲为"七十七日宰相"。

后来，李纲一再遭受贬谪，绍兴十年（1140），他抱憾长辞，终年五十八岁。虽然李纲的一生踌躇不得志，未能实现自己的报国宏愿，然而他"我以我血荐轩辕"的精神，值得世人敬佩。

建炎南渡之汴京遗恨

建炎元年（1127）十二月，金军再度南下攻宋，打算一举消灭宋朝。此时，完颜宗望已经病死，由完颜宗弼率东路军主力从山东渡过黄河进攻汴京，完颜宗翰、完颜宗辅率中路军进攻西京洛阳，完颜娄室率西路军攻打长安。

宋高宗见金军再度集结，预感大事不妙，他非但没有生出抵抗的决心，反而生怕自己也如同父兄一样做了金人的阶下囚，于是他借着"巡幸淮甸"的由头逃往扬州。他命黄潜善、汪伯彦主持朝政，自己则整日在扬州的行宫里寻欢作乐，过着醉生梦死的日子。

时任东京留守、开封府尹的宗泽一方面招募新军，加强军备训练；一方面修筑防御工事，扩充作战部队，加强军事训练。当时有名的八字军、五马山寨义军、河北的忠义民兵、红巾军、梁山泊水军等官军、民兵都被他收入麾下。宗泽还采取了一系列行之有效的措施来改善民生，开封的政治、经济状况都有所好转。金军分三路军来犯时，宗泽率领将士们迎头痛击，取得了开封保卫战第一次的胜利。

建炎二年（1128），完颜宗翰再次进军开封，宗泽迅速组织士兵构筑了一道抗金防线，打退了金军的攻势，之前被攻陷的州城不少被南宋军民收复。宗泽的名字从此在汴京如雷贯耳，被人尊称为"宗爷爷"。

宗泽领军粉碎了金军灭亡南宋的计划后，他认为时机已到，此时应该请高宗摆驾回京，主持大局，一举收复失地。宗泽不断上书高宗，请他回京主持渡河北伐的大局。然而高宗不但对他的北伐计划置之不理，投降派的黄潜善、汪伯彦等还诬蔑他神志异常。他的《乞回銮疏》前前后后上了二十四次，高宗等人均视而不见。眼见复国无望，建炎二年（1128）七月十二日，年近古稀的宗泽忧愤成疾，疽发而死。临死之时，宗泽仍念念不忘北伐之愿，大喊道："渡河！渡河！渡河！"

"出师未捷身先死，长使英雄泪满襟"，宗泽在国家存亡的危急关头一马当先，力挽狂澜，最终却因上位者的无能而抱恨长终，令人无不为之扼腕叹息。

苗刘兵变

宗泽死后，北方的抗金形势急转直下。一年以后，开封再次陷落。

建炎三年（1129）二月，完颜宗翰派遣精锐部队奇袭扬州，一举攻陷天长。此时的宋高宗正在扬州的行宫里寻欢作乐，突然听到金军已经兵临城下的战报，一时惊吓过度，从此丧失了生育能力。宋高宗仅仅带了几个随从，慌忙逃出了扬州城，一路狂奔至瓜洲乘小船渡江，日暮时分，一行人抵达了镇江。

次日，金军攻入扬州，在扬州城大肆掳掠，军民死伤者不计其数。朝野上下认为扬州溃败的主要原因在于黄潜善、汪伯彦二人的不抵抗政策，一时群情激愤，要求罢免这两人的相位。于是宋高宗只得改任朱胜非为右相，又任命王渊为枢密院事。

王渊本是御营司都统制，在金军攻入扬州的时候，他拥兵数万却不做任何抵抗。他与原先赵构府上的宦官康履、蓝珪狼狈为奸，作威作福。赵构逃到镇江时，他向赵构建议，认为镇江太靠近前线，不如退居杭州。一心苟安的赵构立刻采纳了他的建议。因为赵构认为他建言有功，所以不仅没有治他扬州溃败之罪，反而让他青云直上，一跃成为枢密院事。

王渊及一些宦官的恶行早就招致军民的怨恨，此次升迁又引来诸多不满，这其中就包括御营司武将苗傅和刘正彦。苗傅说："你们这些人致天下颠沛祸乱到这个地步，居然还敢这样作威作福。"刘正彦当初是王渊提拔上来的，然而他也不满王渊的所作所为，于是二人合议，组成"赤心军"，策划兵变。

三月癸未这天是宋神宗的忌日，百官在朝堂祭祀。刘正彦事先在城北桥下埋伏好军队，计划等王渊退朝经过时一举将其杀死。刘正彦率军来到皇宫，苗傅立刻打开宫门迎接。他们杀进行宫，预备诛杀康履。

宋高宗听闻兵变，大惊失色，于是和康履等人慌忙奔上御楼，并且撤掉梯子。待苗、刘叛军杀进大殿，宋高宗站在楼上质问苗傅为何造反，苗傅先行了大礼，然后厉声指责宋高宗信任奸佞，误国误民，并说自己已经为陛下除掉了王渊以及一众宦官，现在要求赵构交出康履。

康履与赵构感情匪浅，起初，赵构多番托辞，但是苗傅坚决不受。无奈之下，赵构只好将康履用绳子吊下城楼交给叛军。康履被当场腰斩。

苗、刘二人在城下喊道："陛下原本不当即大位，将来二帝归来，将如何自处？"他们强迫宋高宗退位，要求高宗传位给他年仅三岁的儿子赵旉，并要求由隆祐太后来垂帘听政。太后不允，提出与皇帝共同执政，但当时苗傅等人情绪激动，力谏高宗退位。最后，赵构无法，只得同意退位。

隔天，隆祐太后垂帘听政，改元明受。这次兵变被称为"苗刘之变"或"明受之变"。

高宗复位

苗、刘二人都是武将，策划兵变时，凭借个人的野心和长久的积愤，但却未做深谋远略，没有考虑到兵变以后的事情。宋高宗也不甘心二十二岁就做了太上皇，于是他与宰相朱胜非商议，派人召集前线的张浚、刘光世、吕颐浩等人回京勤王。张浚立即在平江起兵，与刘光世、吕颐浩等人约定率兵在平江会和。之后各地将领纷纷表态支持，刘光世、韩世忠等人联名传檄天下，从平江出发，征讨苗刘叛军。

苗傅和刘正彦闻讯后，一时失措，接收了宰相朱胜非的建议，同意高宗复位。见勤王的大军逼近杭州，二人便弃城逃走，最终被韩世忠捕获，韩世忠将二人磔杀于建康。苗刘兵变历时仅两个月。

四月，宋高宗复辟，恢复了"建炎"的年号，赵旉重新被立为皇太子。由于在兵变中颠沛失顾，不久年幼的赵旉就夭折了。失去了唯一的儿子，自己又丧失了生育能力，这使得宋高宗深感自己的皇位岌岌可危。

建炎三年（1129）七月，宋高宗改杭州为"临安"，预备将杭州作为自己的苟安之地。此时，完颜宗弼率军大举南侵，打算一举灭掉南宋朝廷。宋高宗不断派人向金求和，在给金朝的国书中，他卑微地称自己为"康王"，极尽奴颜婢膝之丑态，表示自己未经金朝允许就登基称帝实为大错，现在甘愿放弃帝位云云。然而完颜宗弼不为所动，势必要灭掉赵宋王朝。随后，金军一举攻破长江防线，占领建康，之后，金军继续南下，攻克了临安、越州、明州、定海。

宋高宗也一路从建康逃往临安，十月再从临安逃往越州，十一月又逃往明州。到了十二月，金军追击到了明州，宋高宗一行人退无可退，只得采纳吕颐浩的建议，入海避敌。宋高宗一行人乘坐楼船逃往定海，之后又漂往昌国，金军始终穷追不舍。

建炎四年（1130）正月，楼船在台州章安镇停留半个月后，南下温州，二月在温州一带停泊。宋高宗一行人在逃亡途中，颠沛流离，常常食不果腹，饥寒交迫。

面对金军入侵，宋高宗只顾自身安危，四处逃窜，置人民于水深火热之中，完全丧失了作为一朝君主的职责。但是他南下逃亡也使得金军未能一举灭掉赵宋王朝，加之南宋广大军民奋起抵抗，屡屡挫败金军灭宋的企图，形成了后来宋金对峙的局面。

黄天荡之战

在国家面临危难之际，宋高宗仓皇逃窜，与之形成鲜明对比的是南宋广大军民奋起抵抗，屡次挫败了金军灭亡宋朝的企图。其中就有韩世忠这样的名将。韩世忠，字良臣，南宋著名的抗金将领。他出身贫寒，少有大志，十八岁应募从军。他骁勇善战，武艺超群，《宋史·韩世忠传》中记载他"挽强驰射，勇冠三军"。

建炎三年（1129），金军兵分两路渡江，攻破建康，直逼临安。宋高宗一路逃窜至明州，金军始终穷追不舍。但受到抗金军民的牵制，金军虽然人数众多，但是战船较小，士兵又大多数不谙水性，加之长途劳顿，士气不高，因此唯恐与宋军相持，导致腹背受敌，有来无回，所以在建炎四年（1130）初，金军被迫往北撤退。

韩世忠率领水师八千人，乘船赶至镇江，控制金山、焦山等有利地形，封锁沿江渡口，埋下伏兵，截击撤退的金军。韩世忠料想金兵会去金山龙王庙侦查，所以率先在金山庙设下埋伏，准备生擒完颜宗弼。果不其然，完颜宗弼夜间到龙王庙勘察地势，但由于山下伏兵来不及断后，完颜宗弼侥幸逃脱。

此后，宋金双方在江中多次会战，韩世忠每每亲率水师迎战金军，其妻梁氏也亲自擂鼓助阵。宋军士气高涨，屡次重创金军。完颜宗弼向韩世忠表示，金军愿意归还所掠财物，只要宋军肯让他们假道北还。韩世忠怒斥："恢复我大宋的疆土，将二帝送还，我们才能两不相欠。"

金军没有办法，只能逆流而上，被逼得退往距离建康东北七十里的黄天荡。黄天荡是一个死水港，出口已经被韩世忠的水军牢牢封锁，金军退路被阻，多次组织突围均被宋军阻扼。

四月十二日，完颜宗弼采纳了一个乡民的献计，沿着老鹳河的故道，挖掘三十里，连通秦淮河口，大军才终于得以离开黄天荡。金军撤退至建康牛头山，又遭到岳飞率军阻击，岳家军乘胜收复建康。金军仍折返黄天荡，韩世忠率军截击，金军利用火攻战术，突破了宋军的围困，最终得以在此渡江北归。韩世忠退往镇江。

关于黄天荡之战的成败历来说法不一，有记载此次战役中宋军以八千人之力对抗十万金军，围困金军长达四十八天，虽然金军最终成功北归，但此后再不敢轻易渡江。因此有人称此战为"黄天荡大捷"，但也有说宋军未能阻击成功，几乎惨遭全歼。

"儿皇帝"刘豫

刘豫,字彦游,农民出身。据《宋史》记载,刘豫少年时就品行不端,常做些鸡鸣狗盗之事。北宋元符年间(1098—1100)进士及第,政和二年(1112),徽宗任命刘豫为殿中侍御史,他多次上书讲礼制局的事,徽宗很不耐烦,说:"刘豫只是河北一个种庄稼的,怎么会懂礼制?"后来,徽宗贬他到地方上任普通的察访官。

宣和七年(1125),金军大举南下攻宋,在任上的刘豫立刻弃官逃往真州。建炎二年(1128),因朋友张悫的推荐,刘豫被任命为济南知府,当时山东一带盗贼猖獗,他上书请求去东南地区任职,结果被拒。当年冬天,金军进攻济南,刘豫派出自己的儿子刘麟出战,暂时击退了金军。金人看出刘豫此人胸无大志,胆小怕事,于是派人劝诱刘豫。刘豫因为此前申请调官未能如愿,对朝廷怀恨在心,于是起了叛心。他在金军将领完颜挞懒的引诱下,杀害了自己军中的抗金猛将关胜,想要率领全城的百姓投靠金军。但济南百姓没有愿意跟他的,于是刘豫竟然自己出城投降。建炎三年(1129)三月,完颜宗弼封刘豫为东、西、淮南等路安抚使,任刘麟为济南知府。

当时完颜宗弼一心想彻底灭亡赵宋王朝,所以一路追击南逃的宋高宗赵构。但是受到南宋军民的坚决抵抗,他灭亡宋朝的野心未能实现。金朝感到自己尚且还不能完全控制整个中原,所以打算扶植一个傀儡政权,达到以汉治汉的目的,刘豫就成了最佳人选。

建炎四年(1130)九月,金太宗完颜晟立刘豫为皇帝,建国号为齐,以大名府为都城，与金朝以黄河古道为界。刘豫尊称金太宗为父，自称是金朝的"儿皇帝"。绍兴二年（1132），伪齐政权迁都开封。

刘豫当上皇帝后，甘为金军马前卒，多次派遣军队协助金军进攻南宋。此外为了向金朝上供，豢养兵丁，他横征暴敛，作威作福，使百姓处于水深火热之中，苦不堪言。金朝建立伪齐政权本意是架空南宋政权，屏护金朝，然而连年征战，劳民伤财，灭亡南宋的目的不仅没有达成，伪齐政权更是不得人心，遭人唾骂，成为一种累赘。于是金朝有了废黜刘豫的想法。

绍兴四年（1134）末，金太宗病危，完颜宗翰等人拥立完颜亶即位，是为金熙宗。完颜宗翰位高权重，让金熙宗有所忌惮，于是金熙宗设法收回了完颜宗翰的兵权，使完颜宗翰郁郁而终。刘豫的最大支持者完颜宗翰死去，他的地位自然是朝不保夕。

绍兴六年（1136），刘豫召集三十万大军，分三路大举进攻南宋。此次攻宋没有金朝军队的支持，伪齐军队被宋朝大将韩世忠、岳飞等击溃，南侵的计划彻底失败。此时刘豫察觉到金朝有废掉自己的想法，于是他请求金朝册立自己的儿子刘麟为太子，以此试探金朝的想法，果然，金人没有答应。

绍兴七年（1137），金熙宗废除了伪齐政权，刘豫被降为蜀王。后来被流放到临潢，约在绍兴十三年（1143）时去世。在做傀儡皇帝的八年里，刘豫彻底沦为金朝的走狗，统治残暴，强取豪夺，骄奢淫逸，助纣为虐，各种行径都为世人所不齿。

南宋篇：直把杭州作汴州 ▶▷

绍兴和议之初次试探

靖康之变后，金朝在中原先后建立了伪楚、伪齐两个傀儡政权，企图以汉治汉，达到灭亡宋朝的目的。然而宋朝军民奋起反抗，在与金朝对抗的过程中，屡屡重挫金军，还收复了一些失地。各地的抗金斗争捷报频传，然而宋高宗却不求恢复失地，只求苟安。他不断派使臣与金朝议和，希望能停止战争。

绍兴五年（1135），宋徽宗的死讯传到南宋，高宗悲恸不已。但很快宋高宗便借迎徽宗灵柩的机会，派遣王伦出使金朝议和。金朝得知南宋的求和意愿，加之刘豫的傀儡政权收效甚微，于是便趁机废除了刘豫。

看到金朝有议和想法的宋高宗于是任命投降派秦桧为右相兼枢密使。绍兴八年（1138）春，再派王伦出使金朝，表达宋朝臣服的意愿。朝廷内外群情激愤，反对议和，高宗迫于巨大压力，于是让秦桧代替他跪受金朝国书。金朝将河南、陕西等地划归南宋，南宋向金称臣，并且缴纳岁币。两国暂时休战。

然而金朝内部不愿与南宋划江而治的主战派占了多数。绍兴十年（1140），金熙宗单方面撕毁了此前的和议，并诏令完颜宗弼等人收回河南、陕西等地。金军分两路向陕西和河南大举攻宋。完颜宗弼率军南下，先后攻克了东京开封府、南京应天府等地。

五月，金军行至顺昌府，宋朝大将刘锜率"八字军"三万七千人与金朝军队在顺昌展开激战。顺昌军民在刘锜等人的带领下，士气高涨，以少胜多，给金军以沉重打击，取得了顺昌保卫战的胜利。完颜宗弼不得不率军撤退回开封。

同时在陕西的南宋军民也奋勇抵抗，挽救了陕西的危局，阻断金军入侵西南方的通道。然而宋高宗应战只为自保，生怕金军一举越过长江，并不想收复失地，重振国威。就在这胜利的关口，宋高宗再次动起了议和的念头。

郾城之战

岳飞，字鹏举，南宋时期抗金名将、军事家、书法家、诗人。他出身于普通农民家庭，少年时便喜爱读书、研究兵法。宣和四年（1122），真定府征召"敢战士"抗击辽朝，二十岁的岳飞应募成为一名军人，从此开始了他的军旅生涯。

绍兴十年（1140）五月，完颜宗弼大举攻宋时，岳飞正在家中守孝。宋高宗急召岳飞率军北上反击金军。岳飞于是作为西线主力，由鄂州往中原进军。完颜宗弼的军队在顺昌被刘锜所帅的"八字军"重创，宋军很快解除了淮南的危机。于是宋高宗又有心求和，立即向岳飞发出了"兵不可轻动，宜且班师"的命令。然而岳飞认为此次机会难得，宜一鼓作气，岳家军一路上连败金军，占领了军事重镇颍昌府、淮宁府，并乘胜收复了郑州、西京河南府等地。

完颜宗弼见岳家军兵力比较分散，得知岳飞只带了少量军队驻扎在郾城，于是他决定亲自率领精锐骑兵一万五千人以及步兵十万突袭郾城，企图一举消灭岳家军。

七月初八，完颜宗弼率领韩常、龙虎大王、盖天大王完颜宗贤等部精兵到达郾城，与岳飞的军队展开决战。完颜宗弼以三千"铁浮图"为前锋，以一万五千多"拐子马"骑兵布列在两册。岳家军则用精锐步兵组成"盾牌军"，将领们各持刀斧，上砍敌人，下斫马足，数次击退金军的攻击，使金兵四散溃逃。

郾城之战是历史上著名的一次以少胜多的战役,又被称为"郾城大捷"。这也是南宋定都临安以后面对金朝取得的少数几次大捷之一,宋高宗在褒奖了岳飞等将领之余又继续保持龟缩态度,并未让前线将领趁机北上,反而连发十二道金牌,命令岳飞班师回朝。至此,南宋收复故土的最后希望也被打破了。

十年之功，废于一旦

郾城大战后，岳飞打算乘胜追击，他把军队驻扎在朱仙镇，与逃到此地的完颜宗弼军队再次交战。岳家军再次大败金军，金兵受到重创。岳飞对属下说："直抵黄龙府，与诸君痛饮耳！"

抗金战场上宋军连战连胜，南宋军民士气大增，然而身为皇帝的宋高宗却担心北伐一旦成功，宋钦宗还朝，必然会威胁到自己的皇位；如果北伐失败，又会得罪金朝，影响和议。不论从哪个方面看，北伐的结果都将于自己不利。所以宋高宗与投降派秦桧等人又开始谋划求和之事，各路宋军只得奉旨撤军。

在取得朱仙镇大捷的关键时机，宋高宗连发十二道金牌命令岳飞班师回朝。其他各路宋军相继撤退，使得岳飞军队缺少后方支援，孤军北上风险很大。加之君命难违，岳飞不得不拒绝了两河百姓要求他继续北伐的恳求，只得班师还朝。退兵之日，岳飞愤然感叹："十年之功，废于一旦！"

宋高宗与秦桧这边则继续谋求与金朝议和，完颜宗弼派人送密信给秦桧说："必杀飞，始可和。"要求宋朝替自己除掉岳飞这个心腹大患。

为了与金朝议和，秦桧指使御史中丞何铸、殿中侍御史罗汝楫、右谏议大夫万俟卨三人上书弹劾岳飞。岳飞因此被罢官出朝。后来，秦桧等人又诬蔑岳飞、岳云（岳飞之子）及其部下张宪谋反。韩世忠质问秦桧，岳飞究竟犯了什么罪，秦桧回答说："飞子云与张宪书虽不明，其事体莫须有。"

绍兴十二年（1142）冬，岳飞与儿子岳云、部下张宪以"莫须有"的罪名，在杭州大理寺风波亭被杀害。岳飞年仅三十九岁，岳云仅二十三岁。岳飞临死之际留下绝笔："天日昭昭，天日昭昭。"

岳飞率领大军第一次出师北伐时，势如破竹，屡战屡胜，然而南宋朝廷中的投降派却怂恿宋高宗下令岳飞撤军，退回鄂州。岳飞被迫撤军后，悲愤交加，写下了不朽的名篇《满江红》。词作中，渗透了他统一中原的宏图大志与拳拳的报国之心。

岳飞一生以抗击金军、收复失地为己任。他带领的岳家军军纪严明、战力勇武，数次大败金军，被金军称为"撼山易，撼岳家军难"。然而岳飞满腔报国之志，却逢庸君与奸佞，最终惨遭奸人陷害，只留下不能收复中原的千古遗恨。

绍兴和议的达成

绍兴十一年（1141）秋天，宋高宗与秦桧在构陷岳飞的同时，不忘与金人谋求议和。南宋派魏良臣出使金朝，提出议和请求。十一月，金朝派遣萧毅、邢具瞻为审议使，随魏良臣入宋，商讨议和条件。

十一月初七，《绍兴和议》最终达成。其主要条款是：

宋向金称臣，金朝册封康王赵构为南宋皇帝。每逢金朝国君生日及元旦日，南宋须遣使向金朝祝贺；

宋金两国东以淮河中流为界，西以大散关为界，南边属宋朝，北边属金朝，宋割唐、邓二州及商、秦二州之大半给金朝；

南宋每年须向金朝纳贡银二十五万两、绢二十五万匹，自绍兴十二年（1142）开始，每年春季送至泗州交纳。

《绍兴和议》签订以后，宋金两国结束了战争状态，双方维持了二十年的相对和平，形成南北对峙的局面。期间双方虽偶有冲突，但规模不大。然而对于宋朝来说，《绍兴和议》是一个不平等条约，它确立了宋金双方在政治上的不平等关系。和议达成之后，金朝来使每入见，捧书升殿跪进，宋高宗起立受书。金使代金主问宋高宗起居，宋高宗也问询金主后，才能重新坐下。

随着和议的达成，金朝送还了宋徽宗的灵柩并且放宋高宗生母韦贤妃归宋。临行之际，宋钦宗嘱托韦妃，请她转告自己的弟弟，接自己归宋，他无意帝位，只要做个太乙宫主就满足了。然而宋高宗显然顾虑甚多，他的计划里没有将宋钦宗一并接回的条款，于是宋钦宗至死也未能归宋。

绍兴和议后，秦桧独揽军政大权。他不仅横征暴敛，贪污勒索，还屡兴大狱，对反对派加以迫害，用狠毒的手段排除异己，株连无辜。天下人都对他恨之入骨。秦桧权倾朝野，满朝文武都是秦桧的爪牙，连宋高宗都受制于他，传闻宋高宗在自己穿的靴子里藏了一把刀，以备不时之需。横行霸道长达十五年之后，秦桧于绍兴三十五年（1155）病死。

采石大捷：书生挽狂澜

虞允文，字彬甫，南宋杰出的文人和书法家，抗金名臣。他是唐朝名臣虞世南之后，天资卓著，绍兴二十四年（1154）登进士第，官至中书舍人、直学士院。他为官期间深受百姓爱戴。

秦桧病死后，虞允文被同僚举荐，后来被授为秘书丞，累官至礼部郎官。金朝皇帝完颜亮遣使增修汴梁，有大举侵宋之意。然而宋朝使者王伦却谎称金朝方面"恭顺和好"，丞相汤思退也一心苟安，"置边备不问"。虞允文看出完颜亮有南下的企图，绍兴三十年（1160）正月，他上书高宗："金人必定会背弃盟约，出兵攻宋，希望陛下诏令重臣共同商讨备战御敌之策。"同年十月，虞允文奉命出使金朝，虞允文亲眼见到金人征兵买马，输送粮草，打造战船，冶炼兵器。临行之际，完颜亮毫不避讳地对他说："我将看花洛阳！"

虞允文回朝后，立即将金朝攻宋的意图奏报朝廷，然而南宋朝廷上下却一叶障目，对金朝的异常之举视而不见，只图眼前安宁。

绍兴三十一年（1161），金朝单方面撕毁《绍兴和议》，金朝皇帝完颜亮亲率四十万大军，分四路军南下攻宋。南宋军备薄弱，毫无反击之力，金军一路势如破竹，几乎兵不血刃，很快便占领了两淮广大地区。淮西主帅王权不战而退，弃城而逃。十一月，完颜亮率领金军主力部队到达采石的江北岸，另一支部队占领扬州后，开始进攻瓜洲。

南宋朝廷派李显忠取代王权，接替淮西主帅，同时派虞允文前往采石犒师。虞允文到达采石的时候,新任统帅李显忠还未到任。采石只剩下残兵败将,士气低落。虞允文见情势万分火急,他当机立断,召集众将士,整顿溃军,鼓舞他们的的士气,号召他们重整旗鼓,与金军决一死战。

江北岸的金军多达四十万,面对敌军的虎视眈眈,虞允文虽然此前毫无作战经验,但是他临危不惧,沉着应对。他率宋军一万八千人开赴江边,抗击金军。他命令宋军的舰队分为五队,一队在江中,两队各在两翼,还有两队暂时隐蔽在小港中,作为后备。他令步兵在江边列阵,刚刚部署完毕,金军的几百艘战船就从江面驶来。虞允文指挥步兵消灭先上岸的金兵,指挥水军用海鳅船撞击敌船,金军的小船很多被撞沉,不善水性的金兵大多落水而亡。

到了夜晚,两军仍在酣战,此时有一支从前线败退的宋军路过采石,虞允文让他们整好队伍,从山后摇起旗帜,敲起战鼓,金军误以为宋军援军赶到,于是撤军后退。虞允文料到金军第二天一定还会进攻,便命令战船连夜开往长江上流,并派一支舰队在杨林渡口截击金军。第二天,金军果然再度进攻,宋军两面夹击,烧毁金军三百多艘战船,击溃金军。完颜亮从采石渡江的计划宣告失败,只能移师瓜洲。之后又退回和州,转向扬州。

采石之战在宋金战争史上具有重大的历史意义,它是南宋唯一一次击败金军渡江的战役,虞允文指挥采石军民以少胜多,粉碎了完颜亮南下灭宋的计划,保卫了国家的安全。虞允文一介书生,在国家危难之际挺身而出,力挽狂澜,救国家危亡于水火之中。老将刘锜曾拉着他的手赞叹道:"朝廷养兵三十年,今日大功乃出儒者!"

但采石之战金朝失败也与其内部矛盾有一定关系。早在采石大战进行时,金朝内部发生了政变,金东京留守、曹国公完颜乌禄(金太祖之孙)乘完颜亮南下,自立为皇帝,更名完颜雍,是为金世宗。金世宗宣布废完颜亮为庶人。此时完颜亮腹背受敌,进退失据,于是他决定孤注一掷,先灭南宋,再北上消灭金世宗。他召集诸将,命令全军在三日之内渡过长江,若有违抗命令者,将帅连坐,一律斩首。这导致他麾下的军士畏惧不已,最终矛盾彻底激化，他手下的浙西路都统制耶律元宜等再次发动政变，将完颜亮及其亲信暗杀。随后耶律元宜率领金军撤退三十里，并派使者与宋军议和。不久之后，金世宗解散了南征的金军，全面北撤，宋军由此收复了两淮地区。

唐岛海战

绍兴三十一年（1161）九月，完颜亮率军南下攻宋，命令苏保衡为浙东道水军都统制，完颜郑家奴为副统制，率领金军水师七万人、战船六百艘，从山东沿海南下，进攻浙江沿海，打算直取南宋都城临安。

时任两浙西路马步军副总管的李宝主动请缨，率领水师三千人，战船一百二十艘，沿东海北上迎击金朝舰队。李宝率领舰队从平江赶到东海，击退了金军的围攻之后，继续率领宋军北上。宋军抵达石臼岛时，得知金军已经驶出海口，正停泊在唐岛，双方相距仅三十公里。

于是李宝决定先发制人，突袭金军。当时金朝水兵都在船舱中休息，只留下一些水手在甲板上放哨。这些水手大多数都是被迫参与的汉人，所以当宋军的船队靠近时，他们悄悄隐瞒了这一军情。

李宝在船队靠近之际，命令将士全面开战，摇旗擂鼓，杀声震天。金军遭到突袭，顿时方寸大乱，慌作一团。李宝命令水兵向金朝船队发射火药箭，金军的船帆都是用油布制成的，遇火即燃，强风巨浪将数百艘战船卷在一起，霎时间船队陷入一片火海。李宝又指挥士兵登上未被焚毁的金军战船，与金兵展开白刃战，那些汉族水手也趁机投向宋军。最终宋军大获全胜，金朝海军水师全军覆没。

李宝指挥的唐岛海战与虞允文指挥的采石之战，都是南宋战争史上有名的以少胜多的战役，它们扭转了敌强我弱的战局，挫败了金军灭亡南宋的企图。此外，唐岛海战也是中国历史上第一次在大规模海战中使用火器的战役。

真假公主

靖康二年（1127），北宋灭亡，宋徽宗、宋钦宗二帝以及一众妃嫔、皇子、公主、宗亲、大臣约三千人被俘往金营。到达金朝都城后，金人举行献俘仪式，要求他们全都穿上金朝老百姓的衣服，头缠帕头，赤裸上身，披上羊皮，去金太祖庙行"牵羊礼"。宋钦宗皇后朱氏因忍受不了如此大辱，当夜自尽。

这些皇室俘虏们在金营受到了非人的折磨，常常食不果腹、衣不蔽体，忍饥挨饿，饱受凌辱，许多人因受尽折磨而死。

柔福帝姬，本名赵多富，是宋徽宗第二十个女儿，她被掳往金朝的时候刚刚十七岁，被献给金太宗做侍妾，但是金太宗对她没有兴趣，把她送到了上京浣衣院为奴。浣衣院实质上是一个供人寻欢作乐的官方妓院，宋高宗赵构的发妻邢氏、赵构的生母韦贤妃也在浣衣院为奴。

建炎四年（1130），南宋官军剿匪之时，俘虏中有一个女子，自称是柔福帝姬，从金朝逃奔回来。官军便将该女子送往临安。

宋高宗记得自己有一个妹妹乳名叫嬛嬛，是王贵妃所生，被封为柔福帝姬。但是时隔多年未见，他早已不记得公主的样貌。官中有一位老宫女，觉得这个女子的相貌确实很像当年的柔福帝姬，于是便用官中旧事盘问她，该女子一一答得上来。只有一处令人生疑，这个女子的脚特别大，不似柔福帝姬。她泪流满面地解释自己被金人驱逐如牛羊，山河万里相奔，怎么能使一双纤足还跟当年一样？宋高宗听了也很受触动，于是封她为福国长公主，还为她选了永州防御使高世荣做驸马。

绍兴和议后，宋高宗的生母韦贤妃被金朝送归宋国，之后被宋高宗封为显仁太后。韦太后听说了柔福帝姬的事情，诧异道："柔福在金朝已经病死了，哪里又来一个柔福呢？"宋高宗便向母亲说明了柔福从金朝逃回的事情。韦太后说："金人都在笑话你，说你错买了颜子（当时开封城有条颜家巷，巷内有家松漆店，专卖各种纸做的精美器物，当时人称'颜子'，因其表面精美，却不能久存，后来就代指假货），真正的柔福已经死了。"

宋高宗听了母亲的话，立即拘捕了柔福帝姬，送到大理寺审问，严刑拷问之下，该女子对自己的罪行供认不讳。她承认自己本名静善，汴京被攻破后，她被金人掳往北方。在途中，她遇到一个在王贵妃宫中侍奉的宫女，宫女跟她说了很多宫中秘事，还说她外形酷似柔福帝姬。后来南宋官军剿匪时，打算将她处死，情急之下她便谎称自己是柔福帝姬。

宋高宗知道柔福帝姬是假扮的以后，便将她斩杀于东市。

然而当时民间却有一种流言，被杀的假公主实际上是真的柔福帝姬，只因为韦太后害怕柔福帝姬说出自己在金朝遭受的屈辱，所以才杀她灭口。宋高宗为了维护自己的母亲，只好牺牲了柔福帝姬。

但据《宋史·公主列传》记载，柔福帝姬在浣衣院过了几年，完颜宗贤从安置在五国城的汉人中选了一个叫徐还的男人，将柔福帝姬嫁给了他。这才结束了她浣衣奴的生涯。大约在绍兴十一年（1141），柔福帝姬病死，时年三十一岁。

孝宗即位

绍兴和议时,南宋付出了巨大的代价,不仅在政治上丧失了与金朝平等的地位,还每年向金朝大量纳贡。为了议和,宋高宗等人不惜以"莫须有"的罪名残害忠臣良将。议和后,奸臣秦桧权倾朝野,身为皇帝的宋高宗也要看他的脸色行事,甚至有"靴里藏刀"的传言。直到绍兴二十五年(1155),秦桧终于去世,宋高宗以为自己终于消除了内忧外患,可以高枕无忧了,然而,仅仅过了六年的安生日子,完颜亮就背弃盟约,大举南侵,使宋高宗偏安一隅的美梦又化为了泡影。

完颜亮死后,金兵暂时撤军北还,宋金之间又出现了对峙局面。朝廷内的主战派主张继续斗争,然而宋高宗一派仍旧在当战的时候而不战,只想继续求和。但迫于形势,宋高宗也无颜面再次向金朝提出议和,加之这个皇帝当得也不顺遂,于是懦弱的他选择了退位让贤。但在继承人的选择上,他却产生了后继无人的问题。

原来宋高宗因为金军南下时受惊过度,二十二岁就丧失了生育能力,他唯一的儿子赵旉年仅三岁就因受惊吓过度夭亡。所以宋高宗在朝臣的提议下,决定收养一个宗室子弟作为自己的继任者,这个孩子就是赵昚。

赵昚,原名赵伯琮,后更名为赵瑗、赵玮,是宋太祖赵匡胤的七世孙。宋朝自宋真宗起,皇位便由宋太宗一脉传承,对此,民间一直颇有非议。北宋灭亡之后,民间又盛传一种言论:北宋灭亡是因为宋太祖在天之灵在报复弑兄继位的宋太宗。也许是受到这种传言的影响,最终,宋高宗选择了六岁的赵伯琮作为自己的养子。

赵伯琮始终对宋高宗谦恭仁孝,虽然他对宋高宗屈膝求和的做法不满,但是他从来不忤逆宋高宗的意思,所以后来他与宋高宗的关系一直十分融洽。

绍兴三十二年(1162)五月,宋高宗立三十六岁的赵伯琮为太子,给他改名赵昚。同年六月,赵昚登基为帝,是为宋孝宗。次年改元隆兴,1163年为隆兴元年。宋高宗让位于赵昚,使得有宋一朝的皇位再次回到太祖一脉。宋高宗在位三十六年,又当了二十五年太上皇,八十八岁去世,是宋朝最长寿的皇帝。

隆兴北伐：从头收拾旧河山

宋孝宗被认为是南宋皇帝中最有作为的一个，他在即位后力图中兴，主张抗击金兵、收复河山。

绍兴三十二年（1162）七月，宋孝宗召主战派老将张浚入朝，共同商讨抗金大计。此外，他还接受老师史浩的建议，下诏为岳飞、岳云等平反冤狱，依官礼改葬，并且赦免了他们被流放的家属。宋孝宗此举，大大鼓舞了主战派的士气，朝野上下均为之一振。他驱逐朝中的秦桧党羽，召回了曾经被高宗和秦桧贬官的主战派大臣。他重用主战派大臣，积极联络北方地区的抗金义军，屯兵备战。但是此举却遭到朝内主和派的强烈不满。

隆兴元年（1163）春，宋孝宗不顾朝中主和派的反对，绕过三省及枢密院的讨论，直接任命张浚为北伐主帅，调兵八万，开展隆兴北伐。张浚命濠州李显忠攻取灵璧，泗州邵宏渊攻取虹县。在北伐初期，宋军连战连捷，很快收复了灵璧、虹县、宿州等地，北方广大人民也纷纷加入抗金斗争中。

然而这时，宋军内部却出现了裂隙。攻占宿州以后，邵宏渊打算开仓犒劳将士，李显忠认为不可，他只分现钱给士兵，每三个士兵才得一千钱。由于犒赏将士有失公允，士兵们都有一定的怨言，作战的积极性也大大削弱了。

宋军攻克宿州令宋孝宗大受鼓舞，于是他升任李显忠为淮南、京东、河北招讨使，邵宏渊为副招讨使，决心一举收复北方失地。然而邵宏渊不愿屈居李显忠之下，张浚此人又志大才疏，身为主帅，对邵宏渊听之任之，使得宋军内部军心涣散。

就在宋军内部动乱之际，金军从仓促应战中回过神来。五月，金军反攻宿州，被李显忠打退。金军继续增兵，李显忠约邵宏渊分兵助攻。然而邵宏渊却按兵不动。

当天晚上，周宏、邵世雄等将领见到李、邵二人不和，料想宋军北伐恐怕难以取胜，于是各自带领部下逃走了。金军趁此机会大举攻城。李显忠率部奋力抵抗，邵宏渊却极力主张弃城逃走。李显忠知道仅凭自己的孤军难以守城，只得带部撤离。宋军撤退到符离的时候，被金军赶上。双方展开了激烈的战斗，结果宋军溃败。符离之战的溃败，标志着历时仅二十天的隆兴北伐也宣告失败。

隆兴和议

北伐的失败让宋孝宗深受打击。朝中主和派纷纷上书弹劾张浚,并要求朝廷派使臣与金朝议和。这时候,一直不问政事的太上皇宋高宗也不断向宋孝宗施压。

迫于压力,宋孝宗起用汤思退为宰相,与金朝商讨议和之事。

金朝提出索要海、泗、唐、邓四地。宋孝宗虽然同意议和,却难以答应金朝的过分要求,朝中的主战派大臣也纷纷反对,连续上书要求停止议和。宋孝宗左右为难,于是议和陷入僵局。

之后,金朝又表示愿意继续谈判,孝宗于是派遣魏杞出使金朝。兵部侍郎胡铨、太学正王质等纷纷上书反对。汤思退知道孝宗内心还是想抗金,怕孝宗议和之心不坚定,于是他将反对议和的二十多名主战派大臣逮捕入狱,此外,他还悄悄派人去金朝,告知金朝出兵来威胁孝宗。孰料金军不但扣留了使臣魏杞,还举兵南下,攻占了濠州、滁州、商州。

在金军的武力威胁之下,宋孝宗不得不屈己求和。隆兴二年(1164)秋天,宋金双方再次签订议和条约,内容如下:

南宋不再对金称臣,改称侄皇帝,金与宋是叔侄关系;

双方维持《绍兴和议》规定的疆界;

宋给金的"岁贡"改为"岁币",每年向金缴纳银二十万两、绢二十万匹;

> 宋割商州、秦州给金朝；
>
> 金朝不再追回由金逃入宋朝的人员。

这次和议被称为"隆兴和议"，因为和议于次年乾道元年（1165）正式生效，也被称为"乾道之盟"。隆兴和议签订之后，宋金双方又维持了四十年的和平。此后宋朝这边北伐抗金的斗志渐渐消磨，朝野上下再不思恢复旧河山，孝宗深感无奈和痛心，南宋自此开始偏安的岁月。

乾淳之治

隆兴和议以后，宋孝宗不再像之前那样主动求战，他的治国政策趋于平稳，且在各个方面的举措都是为了改善宋朝内部严峻的形势。

在政治上，宋孝宗采取了一系列措施加强中央集权，限制相权。为了防止宰相发展成朋党，他严格控制宰相的任期，恢复之前废置的参知政事，以牵制宰相的权力。宋孝宗在位二十八年，出任宰相的有十七人，参知政事有三十四人，可见任期之短，更换频率之高。此外，宋孝宗还加强台谏官的监察职能，将台谏官的任免权力牢牢掌握在自己手中，防止宰执集团与台谏官之间相互勾结。宋孝宗还加强对官吏进行考核，不合格的官吏都被革职，以往官员儿子不加考核即可任职的情况也逐渐消失。

在军事上，宋孝宗整顿军备，积极选拔将领，南宋军队的战斗力在这一时期有所提升。张浚去世以后，宋孝宗准备任用虞允文作为抗金主力，继续伐金的步伐。然而淳熙元年（1174），时年六十五岁的虞允文病死，加之太上皇宋高宗不断施压，宋孝宗抗金的计划最终归为泡影。此外，为抵御随时南下的金朝军队，宋孝宗还积极改革军事制度，扩充兵员，在全国范围内推行"义兵制"。寓兵于农，既不耽误生产，同时也壮大了军事力量，节省了国家的财政开支。

在经济上，宋孝宗督促地方官发展生产，轻徭薄赋，兴修水利；改革弊政，减轻百姓负担，废除"预催"制度，将征收赋税的时间固定下来。使用"社仓法"赈济灾民，取消了很多赋税方面的加耗。此外，他改革纸币，下诏将流通的会子加盖"隆兴尚书户部官印会子之印",增加纸币的权威,防止民间随意仿造,以保证纸币流通时的稳定性。

在文化方面,宋孝宗改变南宋初期树立一派打击一派的学术作风,对各个学派采取兼容并包的态度,主张各学派兼容并蓄,共同发展。他还为苏轼文集作序,推动蜀学的复兴。孝宗一朝,活跃着朱熹、陆九渊、陆游、辛弃疾、杨万里、范成大等许多著名的思想家和文学家。

此外,孝宗还兴办官学,发展教育。随着国家的提倡,各种书院也大量兴起。官办书院有潭州知州刘珙重建的岳麓书院,朱熹重修的白鹿洞书院等;私人创办的书院有朱熹创办的武夷精舍,陆九渊在家乡创办的象山书院等等。

宋孝宗励精图治,事必躬亲。当然这种过分勤勉也有消极影响,一方面,他对人不信任,所以才事事把握在自己手中,频繁更换宰执班子造成政令无法贯彻实施;另一方面,他常常做事不经深思熟虑,朝令夕改。但总的来说,孝宗在位时期,是南宋政治上最清明,经济最繁荣,文化最开明兴盛的时期,这一时期被称为"乾淳之治"。

范成大出使金朝

隆兴北伐失败后,宋与金签订了隆兴和议,然而和议中的种种不平等条款让宋孝宗耿耿于怀,彻夜难寐。尤其是条款中的受书仪,在宋高宗眼里没有什么,但在宋孝宗眼中却是奇耻大辱。乾道五年(1169),宋孝宗接受虞允文的建议,打算派遣使者去金朝谈判,修改受书仪以及迁移宋朝皇陵。左相陈俊卿认为贸然前去修约不可取,劝宋孝宗应该等国力强大后再图修约之事。宋孝宗一怒之下将陈俊卿罢相,任命虞允文为右相兼枢密使。于是君臣二人商议派人出使金朝。

宋朝没有来由地就提出修改隆兴和议,这无异于是一种挑衅,稍有不慎便会破坏双方关系,引起战争。所以满朝文武战战兢兢,无人敢领命出使。虞允文向孝宗推荐李焘和范成大,然而李焘坚决推辞,这时候,文官范成大自告奋勇,欣然领命。他知道此行十分凶险,必然凶多吉少,说:"臣已立后,为不还计。"他已经做好了有去无还的打算,范成大请宋孝宗把更改受书仪的要求写在国书上,但孝宗没有同意。

乾道六年(1170)五月,范成大出使金朝。到达燕山之后,范成大自行将有关受书仪的条款写在国书中。到达金朝首都中都后,范成大见到了金世宗完颜雍。范成大将国书呈给金世宗,大声叙述了国书中关于受书仪以及归还皇陵的内容,言辞十分慷慨激昂。

然而这种递交个人书信的行为是不符合两国外交礼仪的,金世宗非常生气,说:"这里难道是献国书的地方吗?"他命令范成大将国书收回,立刻下殿请罪。范成大索性一不做二不休，他说："国书不达，我回去必死。与其有辱使命，不如死在这里。"金朝太子也非常愤怒，甚至要当场杀死范成大，被阻止才罢休。金朝的大臣们也纷纷站出来指责范成大。然而范成大始终保持镇定，不卑不亢。

后来，金世宗拒绝了南宋修改和议的请求，但是为了不使双方关系恶化，就同意归还宋钦宗梓官和迁移皇陵。范成大出使金朝，虽然没能达到修约的目的，但是他不畏强权，在金朝朝堂上保全气节，最终不辱使命，令金朝君臣折服。

《宋史》中评价范成大此次出使："成大致书北庭，几于见杀，卒不辱命。俱有古大臣风烈，孔子所谓'岁寒然后知松柏之后凋'者欤？"肯定了范成大在与金朝君臣对峙的危急关头，将生死置之度外，烈烈风骨，不辱使命。

孝宗退位

乾道元年（1165），金朝使者完颜仲出使南宋，宋孝宗不愿意按照受书仪来接收金朝的国书，他想让合门使代替自己来接收国书，然而完颜仲却拒不同意。这样宋金双方互不相让，陷入一时胶着的状态。太上皇宋高宗害怕因为这点小事，就导致金朝翻脸，他实在不愿意目前的和平局面被打破，于是他力劝宋孝宗按照受书仪接收国书。迫于宋高宗的压力，宋孝宗不得不妥协，然而这却成了孝宗心中的一根刺。

作为一国君主的宋孝宗实在不愿意履行这种义务，因此在乾道六年（1170），他派遣范成大出使金朝，就为了修订隆兴和议中的条款，然而这种单方面的贸然要求，自然不会被金人采纳。

淳熙十四年（1187）十月，太上皇宋高宗赵构病逝于德寿宫，时年八十一岁。以孝顺著称的宋孝宗听闻后不禁失声痛哭，甚至两天不吃不喝，并表示要为宋高宗守孝三年。宋孝宗为了服丧，就让太子赵惇开始参与政事。

淳熙十六年（1189）正月初二，金世宗完颜雍病死，他的孙子完颜璟即位，是为金章宗。一个月后，金章宗即位的消息传到了临安，二月初二，宋孝宗传位于太子赵惇，即宋光宗，次年改元绍熙。赵昚做了太上皇，被尊为寿皇圣帝，闲居在慈福宫，后更名为重华宫。

为什么宋孝宗在得到金朝皇帝即位的消息后，立刻就做出了退位于太子的决定呢？其实原因不难理解。宋孝宗在位时，一心希望能够恢复河山，但他对金朝的不宣而战却以失败告终。此后朝廷中主战派与主和派纷争不断，他作为一朝君主，在决策方面多有掣肘，久而久之，难免心灰意冷。加之他一直尊敬恭顺的养父赵构去世，也使他遭受了不小的打击。另一方面，金章宗完颜璟即位的时候只有二十一岁，赵昚此时已经六十二岁。根据隆兴和议的内容，金朝与宋国之间是叔侄关系，也就是说宋国在给金朝上书时，六十二岁的赵昚要称呼二十一岁的完颜璟为叔父，这对于一心追求光复祖宗大业的宋孝宗来说是十分屈辱的。于是，身心俱疲的宋孝宗选择了退位。

宋孝宗退位后的光景不如宋高宗那般高枕无忧，他的儿子远远不像自己这么孝顺。宋光宗赵惇十分惧内，导致父子关系一直不佳。绍熙五年（1194）五月，宋孝宗身染重疾，临死之际，他十分想见自己的儿子一面。然而懦弱无能的宋光宗，一直没有去看望他。六月，宋孝宗在重华宫病逝，终年六十八岁。

绍熙内禅

宋光宗赵惇的皇后李氏骄纵蛮横、刁蛮善妒，懦弱的宋光宗对她处处谨慎小心，言听计从，于是李氏渐渐把控朝野上下，宋光宗一言一行都受到李氏的控制。久而久之，宋光宗精神也出现了问题。

据说有一次，一个宫女端水给宋光宗洗脸，赵惇见这个女子双手生的好看，不禁心生爱怜，说了一声"好"，恰巧被路过的李氏听见了。过了两天，宦官给宋光宗呈来一个食盒，宋光宗打开一看，盒子里装的竟然是一双断手，吓得宋光宗精神恍惚。

宋光宗身体孱弱，不能上朝执政，李氏便干预起了朝政。这引起了宋孝宗的不满。李氏曾经朝见宋孝宗，请求立她的儿子赵扩为皇太子，宋孝宗认为立储一事应由宋光宗与自己商议，严厉斥责了李氏的僭越之举，致使李氏怀恨在心。此后她不断离间宋孝宗与宋光宗的父子感情，一次，宋孝宗派人给生病的宋光宗送药，李氏见了却造谣说是毒药。

在李氏的干预之下，宋光宗好几年都没有探望自己的父亲。直至绍熙五年（1194）六月，宋孝宗去世，父子也没有见上一面。不仅如此，宋光宗甚至连自己父亲的葬礼都不敢去主持，这导致朝中一片哗然。宋光宗身心俱疲，早已无意于皇位，更无视朝中对他的批评建议之声，他表示自己想退位。然而皇储尚未确立就直接禅位，此事古未有之。丞相留正害怕皇帝将起草诏书一事交给他，于是称病罢相。知枢密院事赵汝愚（宋太宗八世孙）主张宋光宗禅位给赵扩，他通过知阁门事韩侂胄向太皇太后请示内禅，太皇太后应允。

七月，太皇太后命赵汝愚拟旨，令嘉王赵扩即位。赵扩本欲推辞，但黄袍加身，不得不即位为帝，是为宋宁宗。韩侂胄的侄女韩氏被立为皇后，宋光宗被尊为太上皇帝，李氏被尊为太上皇后。历史上称这次事件为"绍熙内禅"。宋光宗退位后，李氏一方的势力也随即被削弱。

宋高宗禅位于宋孝宗，宋孝宗禅位于宋光宗，宋光宗又禅位于宋宁宗。南宋皇帝连续三次内禅，这在历史上实属罕见。宋光宗在位五年，无所作为，还引发了朝政危机，"乾淳之治"的成果也渐渐消失。庆元六年（1200）八月，宋光宗患病在寿康宫去世，终年五十四岁。

庆元党禁

宋宁宗即位以后，赵汝愚因推立有功被任命为宰相，赵汝愚提拔任用有功之人，但他是道学派人士，所以韩侂胄因为不属于道学派而没有受到提拔，这令韩侂胄怀恨在心。

韩侂胄是北宋名臣韩琦的曾孙，又是当朝皇后的叔父，和赵汝愚一起拥立皇帝，宋宁宗在位期间，他在朝中势力逐渐坐大。朝中一些大臣看出韩侂胄野心很大，便劝赵汝愚将他调到地方当官。赵汝愚不同意，但提拔了朱熹、黄裳、陈傅良、彭龟年、吕祖俭等正直官吏到朝廷任职，以此来遏制韩侂胄的势力。

韩侂胄也感觉到了朝中的危机，便勾结党羽，培养爪牙，将支持赵汝愚的朝臣几乎全部排挤出朝廷。韩侂胄进一步将自己的党羽京镗、郑桥等人提拔上来，以此孤立赵汝愚。之后，韩侂胄指使李沐等人上书宋宁宗，说赵汝愚同姓做宰相，有违祖制，还说赵汝愚结党营私，有谋逆之心。赵汝愚因此被贬，为其辩护的李祥、杨简、吕祖俭等人也被罢职、流放。赵汝愚在贬往永州的途中，又受到韩侂胄爪牙的迫害，最终悲愤而死。此后，朝政大权完全掌握在韩侂胄手中。

在韩侂胄的指使下，他的党羽刘德秀、京镗等人又纷纷上书宋宁宗，诬蔑道学是伪学，说朱熹等道学家都是欺世盗名之辈，他们的学术成果也都是剽窃前人的创作。实际上，道学是程颐、朱熹等人继承和发扬的儒家学说，韩侂胄之所以诬蔑道学是伪学，只是为了排除异己，打击报复。庆元二年

（1196），宋宁宗竟然同意将道学视作伪学，道学派也都是"伪学奸党"。

庆元三年（1197），韩侂胄及其党羽又怂恿宋宁宗下了一道诏令。宣布道学是伪学，禁止道学在全国范围内传播；并列了一个五十九人的名单，当中包括留正、赵汝愚、朱熹、彭龟年、吕祖俭等官员、学者，宣布他们是伪学逆党，他们当中除了已经去世的，其余都被革职、流放；此外，他们还剥夺了道学派学生的科举考试资格。

这就是南宋历史上的"庆元党禁"，是权臣韩侂胄打压政敌、排除异己的手段。此后他虽然独揽朝政大权，但终究不得人心，当时的社会舆论大多偏向道学派，百姓们也认为他是个奸臣。嘉泰二年（1202），韩侂胄被迫撤销了党禁。

嘉定和议

韩侂胄虽然大权在握，却不得人心。适逢金朝内部局势不稳定，各地暴动不断，为了争取民心，他开始重用一些主战派大臣，决定开展北伐大业。朝中的一些有识之士认为此时发动战争师出无名，对宋朝不利，而且胜算不大，然而韩侂胄铁了心要发动战争，他将朝中的反对声音全都压了下去。

开禧二年（1206），韩侂胄认为时机已经成熟，于是出兵北伐。宋军分东、西、中三路北上，起初宋军取得了一些胜利，将领毕再遇率东路军收复了泗州等地。但金朝后来察觉了宋军的北侵意图，已经开始做准备。郭倬、李汝翼等进攻宿州，大败而归。西路军也节节败退。此时，金军兵分九路，对南宋发起全面进攻，宋军转攻为守。在金军的攻势之下，真州、扬州相继被占领，军事重镇和尚原与大散关也被占领。不久，四川守将吴曦投敌叛国，被金朝封为蜀王，宋军士气大大削弱。韩侂胄的这次北伐不仅没有收复失地，反而在金军的反攻之下全线溃败，两淮地区都被金军攻占。

当时，金朝内部也是一片混乱，虽然反攻了宋军的北侵，但也没有足够的力量消灭南宋，在这种情况下，宋金双方决定再次议和。金朝不仅提出了过分的割地赔款要求，还要求得到韩侂胄的首级。韩侂胄大怒，立刻决定重整军备，与金军决一死战。

宋宁宗皇后韩氏死后，杨贵妃被册封为皇后，她因此前韩侂胄不支持自己做皇后，便对韩侂胄怀恨在心，一心想要除掉他。开禧北伐的失败大大动摇了韩侂胄在朝中的地位。开禧三年（1207）十一月，礼部侍郎史弥远勾结杨皇后，密谋除掉了韩侂胄。

嘉定元年（1208），南宋使臣王柟前往金朝议和，并且把韩侂胄的首级献给金朝。宋金双方签订了"嘉定和议"，约定：

> 两国边界与绍兴和议时相同；
> 金与宋为伯侄之国，宋以侄事伯父之礼事金朝；
> 宋向金缴纳银三十万两、绢三十万匹；
> 宋另外赔款金朝犒军银三百万两。

嘉定和议当中的条件，较之绍兴和议、隆兴和议更为苛刻。嘉定和议后，金军撤退到淮河以北，宋金双方又进入了相对稳定的时期。此时宋金两国都已式微，北方的蒙古族势力正在渐渐兴起。

端平更化

韩侂胄死后,史弥远独掌朝政大权,他对内打击政敌,排除异己;到处搜刮民脂民膏,使得百姓怨声载道;对外则屈膝求和,妥协投降。

宋宁宗本想立皇子赵询为太子,结果赵询年纪轻轻就病死了。宋宁宗只得将弟弟的儿子赵贵和立为太子,并改名赵竑。因为赵竑看不惯独揽大权、嚣张跋扈的史弥远,对其厌恶之情在朝中表现得颇为明显。史弥远惧怕这位太子登基后阻碍自己独揽大权,所以上奏宋宁宗,希望能废除赵竑的太子之位,但是宋宁宗没有同意。

于是史弥远开始秘密培养宗室之子赵贵诚,打算辅佐他登上皇位。他再次勾结了杨皇后,趁宋宁宗病危之时,篡改了遗诏,废掉太子赵竑,改立赵贵诚为太子,并说宋宁宗已经赐名赵昀。嘉定十七年(1224)九月,宋宁宗去世,终年五十七岁。不久之后,赵昀登基,是为宋理宗。

史弥远因拥立宋理宗有功,在朝中作威作福,此时生杀大权完全掌握在他一人手中。在他执掌朝政的二十七年中,他排除异己,贪污腐败,残酷剥削百姓,导致民不聊生。绍定六年(1233),史弥远病死,宋理宗沉寂十年,此时才终于亲政。次年,宋理宗改元端平,并出台了一系列改革措施,希望能革除南宋一直以来的弊政。

在政治上,宋理宗为了避免朝中再出现史弥远这样的权臣,严格宰相选拔任用,选用贤能清廉之士为官。真德秀、魏了翁、范钟、杜范等人都是他提拔上来的。他还亲自管理台谏,任命台谏官四十余人,其中有洪咨夔、李宗勉、江万里、程元凤等。此外，他还注意澄清吏治，亲自撰制《审刑铭》《训廉铭》等，规范一系列法律法规。控制取士人数、严格官员升迁制度，减少冗官的现象。

在经济上，为了应对通货膨胀、国库空虚的危机，他控制纸币的发行，适当回收旧币，并且严格会计制度，下令编制《端平会计录》。

在文化上，宋理宗重新恢复理学的地位，封朱熹为信国公，理学一时成为当时的文化正统。端平元年（1234），他甚至下诏让周敦颐、程颐、程颢、张载、朱熹等理学家入祀孔庙。

总的来说，端平更化对革除南宋弊政起到了一定的积极作用，选贤任能，政风清明。因此端平更化又被称为"小元祐"。然而此时的南宋朝廷，已然积重难返，各项措施浮于表面，未能做到真正的革除弊端。

收复三京：南柯遗梦

正当南宋、金朝渐渐衰微之时，北方的蒙古帝国已然崛起。1232年前后，蒙古已经吞并了西夏，占领了金朝的大部分地区。

绍定五年（1232）十二月，蒙古国派遣使者来到南宋，商议联合灭金的军事战略。并且约定，金朝灭亡后，将黄河以南的土地全部归还宋国。这时候，宋理宗看到了收复中原领土的希望，于是在绍定六年（1233）七月，宋理宗命大将孟珙出兵攻金。

端平元年（1234）正月初十，宋蒙联军攻破蔡州，金哀宗完颜守绪自缢而死，金朝灭亡。南宋举国上下一片欢腾。然而，宋蒙联合灭金之后，蒙古国并没有按照前约把黄河以南的土地归还给宋国。

宋理宗亲政后，力求在政治上有所作为，为此他主持了端平更化，提拔任用了一大批新人。当中有赵范、赵葵二兄弟，他们提出南宋应该趁蒙古军北撤之机，"抚定中原、坚守黄河、占据潼关、收复三京"。所谓"三京"，指东京开封府、西京河南府、南京应天府。虽然收复失地、恢复中原是所有人一直以来的愿望，然而当时朝中大部分臣僚都反对出师。原因无他，蒙古国当时兵力强劲，而宋军不仅缺兵乏将，军备也严重不足，如要战，反而捉襟见肘。然而收复三京对于整个南宋、对于宋理宗的吸引力都太大了，在没有做好充分的作战准备以及统一意见的情况下，宋理宗下令出兵了。

六月，赵范自黄州率军北上；赵葵率领五万淮东兵自滁州占领泗州，再由泗州进军开封；全子才率领一万淮西兵进军开封。七月初二，全子才军队顺利占领开封府，七月二十日，赵葵率军到达开封，与全子才会师。

此时的中原一片破败，蒙古军队掘开了黄河大堤，造成大片黄泛区，对农业生产造成了极大影响。在粮草储备严重不足的情况下，朝廷命徐敏子率兵一万三千人，只带了五天的粮食，向西占领洛阳和潼关。杨谊率军五千随后西进。七月二十八日，宋军收复洛阳。

然而洛阳已经几乎是一座空城，只有几百户居民留守，宋军到洛阳没几天，粮草就断了。蒙古军得知宋军攻占洛阳，立刻大举进攻。杨谊率领的第二批入洛军队还没有抵达洛阳城就被蒙古军击溃。徐敏子率领的宋军被迫突围，向开封撤退。由于粮草不足，后无补给，宋军被蒙军一路追杀，损伤惨重。开封城的宋军也被迫向南撤退，而后蒙军开始大举反攻，徐州、邳州、海州相继失陷，南宋收复的失地再次丢失，数万精兵死于战火，元气大损。

至此，南宋收复三京的军事行动以失败告终，宋理宗还下了"罪己诏"，痛骂自己是"寡德"之君，妄动干戈，给百姓带来了深重的灾难。但是自此以后，宋朝君主北定中原、还都汴京也成了一场南柯旧梦。

群奸误国

收复三京的计划破产后，宋理宗一蹶不振。他在执政后期，不思进取，只沉迷于声色犬马。宋理宗晚年十分宠爱阎贵妃，对她提出的要求一概满足。阎贵妃想要修建一座功德寺，宋理宗耗费巨资，甚至不惜动用国库，到全国各个州县搜集木材，前前后后花了三年才终于建成。阎贵妃恃宠而骄，开始干预朝政。一些投机钻营的小人也与她勾结，如丁大全、马天骥、董宋臣等，他们在朝廷作威作福，呼风唤雨，排除异己，残害忠良。当时有人在朝门上写了八个大字："阎马丁当，国势将亡。"暗指乱政的阎贵妃和马天骥、丁大全、董宋臣四人。

但这件事也给宋理宗敲了一个警钟，他意识到朝野上下对于自己放任这些宵小之辈的不满，于是他也采取了一些措施想要改变现状。他先后罢免了马天骥和丁大全，阎贵妃则在景定元年（1260）病死。就在众臣都以为时局在朝好的方向发展时，又一位误国的权臣出场了，他就是南宋末年权倾朝野的大奸臣贾似道。

贾似道出身官僚家庭，从小混迹于市井。他本是一个小小的嘉兴司仓，后来他同父异母的姐姐被立为贵妃，所谓一人得道，鸡犬升天，凭借这层关系，他也很快就升到了大宗正丞，一路官运亨通。他的一大爱好是斗蟋蟀，所以被世人称为"蟋蟀宰相"。

开庆元年（1259）九月，忽必烈派兵围攻鄂州，贾似道奉召带兵出征。然而他并没有什么领军打仗的才能，于是他丝毫不顾国家利益，偷偷派宋京去向蒙古人求和。此时适逢蒙古大汗蒙哥在钓鱼城中战死，忽必烈为了尽快赶回去争夺汗位，便同意了议和的请求。双方约定：南宋向蒙古称臣；割让长江以北的土地；每年缴纳银二十万两、绢二十万匹。

十一月，蒙古退兵，贾似道回朝之后谎报自己取得诸路大捷，绝口不提自己与蒙古议和一事。宋理宗大力赞扬贾似道，认为他劳苦功高，封他做卫国公，从此，贾似道独揽朝政大权。

景定五年（1264），宋理宗因病去世，终年六十岁。因无子嗣，便由他的侄子，刚刚十六岁的赵禥登基称帝，是为宋度宗，改年号为咸淳。宋度宗刚刚登上帝位时，决心重振朝纲，一些大臣们纷纷弹劾贾似道，他也有心限制贾似道的权力。

贾似道觉得这样下去可能地位不保，于是他再次策划了一个更大的阴谋。贾似道先假意致仕隐居，然后让亲信从湖北假传军情，谎称蒙古大军南下，已经逼近临安。

宋度宗大惊，立刻召集群臣商讨对策，然而此时他发觉朝中无人可用。这时，他想到了曾经"护国有功"的贾似道，并派人请他出山。贾似道先推辞不受，宋度宗便尊他为太师，封他为平章军国重事，并加封他为卫国公。

贾似道这才惺惺作态地答应，并煞有介事地去往前线，"平息"了这场危机。这次事件过后，度宗虽然也觉得贾似道为人奸诈，但至少在关键时刻还有所作为。渐渐地，度宗将朝政大权都交给贾似道，自己纵情于歌舞升平中，成日寻欢作乐。

咸淳十年（1274），宋度宗因病去世，时年三十五岁。年仅四岁的赵㬎即位，是为宋恭帝，次年改元德祐，由太皇太后谢氏听政。朝政大权仍然掌握在贾似道手中。

不久，元朝皇帝忽必烈率军占领襄、樊，随后南下渡江，围攻鄂州。贾似道被迫上阵御敌。他率领十三万大军前往湖北，次年二月到达芜湖。贾似道又想和元军议和，然而被元朝丞相伯颜拒绝。贾似道只得率军进行抵抗，结果被打得落花流水。

随着此次惨败,贾似道之前策划的骗局也被揭发出来,朝野上下一片激愤,纷纷要求处死贾似道。谢太皇太后将他贬官,在流放的途中,贾似道被押送他的郑虎臣杀死。

襄阳之战

咸淳三年（1267）冬，南宋降将刘整向忽必烈献策，如要攻下南宋就要先攻下襄阳，"无襄则无淮，无淮则江南唾手可下也"。只要拿下襄阳，蒙军从汉水渡长江，则整个江南地区都将收入囊中。

忽必烈采纳了刘整的建议。襄阳城城池坚固，易守难攻，蒙军采用围城打援的战术，对襄阳城进行战略性包围，在襄阳城四周建造堡垒，拦截援襄的宋军，并切断襄阳城与西北及东南地区的联系。这样一来，襄阳城便成了一座被围困的孤城。

蒙军本以铁骑著称，为了一举渡江灭亡南宋，开始操练水师。咸淳四年（1268），蒙古国将领阿术和刘整造船五千多艘，训练水师七万余人，对襄阳城进行了全面封锁。在战略上，蒙军已处于优势地位。咸淳五年（1269），蒙军再包围樊城，襄阳保卫战进入关键阶段。

早在咸淳三年（1267）时，驻守襄阳的将领吕文焕便接连派人向朝廷请求援军，然而奸臣贾似道隐瞒军情不报，致使襄阳城被围困长达三年之久，南宋朝廷却毫不知情。

直到咸淳五年（1269）春，宋军将领张世杰、夏贵和范文虎才率军增援襄阳，却在途中被蒙军打败。咸淳六年（1270），朝廷又派出大将李庭芝支援，却被贾似道阻挠，贾似道派出范文虎率十万大军驰援襄阳，才到鹿门山，就被蒙军大败，范文虎也弃军逃跑。咸淳七年（1271），范文虎再度援襄，依旧无功而返。

咸淳八年（1272）春，元军向樊城发起总攻，很快便攻破樊城城郭，宋军只能困守内城。五月，驻扎在郢州的大将李庭芝了解到襄阳西北有一条可以直通汉水的青泥河，他便下令造船一百多艘，还招募了一支三千余人的敢死队，任命平民张顺、张贵为都统，率军驾船去往襄阳增援。

此时的襄阳城已经被围困长达五年之久。张顺、张贵二人率领民兵向元军展开强攻。民兵们士气高涨，舍生忘死，元军封锁江口，他们便接连斩断铁索和木桩，突破元军的重重阻拦，转战一百二十里，于破晓时到达襄阳城下。困守襄阳五年的宋军，终于见到了第一支前来支援的宋军，各个欢欣鼓舞，斗志倍增。

张贵率领民兵进驻襄阳城，却不见张顺的到来。后来人们在河中发现了他的尸体。张顺身中数箭，手中却仍紧挽强弓。为了夹击元军，张贵派人与范文虎联系，共同夹击元军。然而到了约定的这一天，范文虎却失约了。张贵独自率领三千民兵与元军展开殊死搏斗。张贵身负十几处重伤，最终力竭被俘。三千民兵也全部壮烈牺牲。元将阿术再三劝张贵投降，张贵宁死不从，惨遭杀害。元兵将他的尸体抬到襄阳城下，守城军民无不痛哭。吕文焕将张贵与张顺二人葬在一处，并立庙祭祀这两位于国难之时挺身而出、慷慨捐躯的平民英雄。

咸淳九年（1273）正月，元军向襄阳和樊城发起总攻。他们先派人烧毁襄、樊之间的浮桥，切断两城之间的联系，再派遣精锐部队猛攻樊城，樊城守将寡不敌众，宋将范天顺、牛富壮烈牺牲，樊城失守。随后，元军猛攻襄阳，同时劝降吕文焕，如不投降则屠城。

眼见突围无望，后不见宋军来援，在绝望之中，吕文焕只得投降元军，襄阳陷落。历时六年之久的襄阳之战也宣告终结。

◁◀ 大宋：书生挽狂澜

悍将群像：捐躯赴国难，视死忽如归

在南宋政权危如累卵之际，南宋军民却表现出坚贞不屈的民族气节，他们毁家纾难，舍身报国，纷纷投身到抗元斗争中。

汪立信，字诚甫，号紫源，南宋后期大臣。他早年家境贫寒，淳祐六年（1246）登进士第，得到宋理宗赏识。在南宋后期，他先后任建康通判、池州知府、湖南安抚使、潭州知州等职务。

咸淳九年（1273），襄、樊二城相继陷落，汪立信立刻写信给贾似道，斥责他只知酣歌游乐，不顾轻重缓急，要求他立刻部署兵力，充实长江的防御工事。然而贾似道看了信后，却大骂他"瞎贼狂言"，嫉恨不已，并将他罢官。

咸淳十年（1274），元军大举南侵，攻下鄂州，贾似道不得不再次起用汪立信，派他到建康募兵，支援长江沿线的抗元斗争。汪立信作别妻子和儿女赶至建康，然而此时，建康守军都已溃散，元军势如破竹。汪立信见无法组织抵抗，叹道："吾生为宋臣，死为宋鬼，终为国一死，但徒死无益耳，以此负国。"于是率领部下几千人转至高邮。

宋恭帝德祐元年（1275），汪立信听闻贾似道军队在芜湖大败，长江、汉水流域都已沦陷，他情知大势已去，便设宴与将士们诀别，立下遗嘱，慷慨悲歌，痛哭三日后，自杀殉国。

李庭芝与姜才都是南宋末年有名的抗元将领。德祐元年（1275）春天，元军主力突破长江防线，李庭芝与姜才坚守扬州。元军先后派出宋朝降将李虎、张俊等去扬州劝降。李庭芝拒不投降，并且激励宋军将士奋勇杀敌，屡屡挫败元军攻占扬州城的图谋。冬天，元军主帅阿术见扬州城久攻不下，于是在扬州周围筑了一条土城，围困扬州。扬州城内弹尽粮绝，许多军民都被饿死，尸殍遍野。

德祐二年（1276）三月，元军占领临安，南宋正式宣布投降。宋恭帝传命给李庭芝，让他带领部下投降元军。李庭芝登上城楼告诉来使："我奉命坚守扬州，未闻投降之命。"宋恭帝和谢太皇太后被元军押往北方，途经扬州城南。姜才率领四万人前去营救，但因寡不敌众，营救没有成功。阿术派人劝降姜才，姜才决然不受。他与李庭芝誓死保卫扬州，与元军日夜苦战。

七月，益王赵昰在福州称帝，传召李庭芝为左丞相，任命姜才为龙神四厢都指挥使、保康军承宣使，命他二人同时到福州领导抗元斗争。李庭芝与姜才到达泰州时，被部下朱焕出卖，二人同时被俘，因二人坚决不降，最终惨遭元军杀害，壮烈殉国。

李芾，字叔章，南宋末年抗元将领。贾似道被贬后，李芾出任湖南安抚使兼潭州知州。德祐元年（1275）七月，李芾到达潭州，当时潭州兵力都已外调，于是仓促之下，他勉力召集三千人，集合当地土豪、百姓，以及从湖北、四川调来的援军，共同抗元。九月，元军大将阿里海牙率军包围了潭州。驻守潭州的李芾身先士卒，在他的带领下，潭州全城军民不分老幼，誓死守城。

从十月到十二月，宋元双方激战十几次，宋军几乎已经到了穷途末路的地步，但是仍然坚持抵抗。元军来劝降的，都被李芾杀死。十二月，阿里海牙调集大军，潭州情势更加危急。除夕之夜，元军登上潭州城门，南宋守将纷纷率家属以死报国。李芾将自己全家杀死，放火以焚，之后自杀。部将沈忠全家也被李芾逼着自杀殉国。潭州百姓见李芾以身殉国，也纷纷举家自尽，投水者、自缢者不计其数，据说当时"城无虚井，缢林者累累相比"。

马塈，南宋末年抗元将领。德祐二年（1276），南宋灭亡之后，他率领宋军坚守在静江。不久，阿里海牙攻占广西，他多次招降马塈，都被严词拒绝。马塈率军苦战三月有余，期间大大小小的战役不下百次。静江外城内城皆被攻破之时，他仍率领残部与元军展开激烈的巷战。最终他负伤被俘，据说元军砍下他的头颅时，他仍保持双拳紧握、身体直立的样子，过了很长时间才倒下。

元军攻占静江之后，马塈的部下娄铃辖率残部二百五十人坚守月城，继续抵抗元军。阿里海牙认为仅二百五十人的残部不足为虑，然而接连围攻十几天仍旧没有攻破。娄铃辖对阿里海牙佯称自己的部下太过饥饿，不能出城投降。阿里海牙信以为真，便给他们送去几头牛、几担米。月城的将士饱餐一顿之后，吹起号角，擂起战鼓。他们全部簇拥在一起，点燃火炮，一声巨响之后，二百五十人全部壮烈殉国。

张珏，人称"四川虓将"。德祐元年（1275）七月，元军包围重庆。张珏率军突破重围，与重庆军民守城抗元。第二年，南宋投降，宋恭帝要他率军投降，张珏断然拒绝，仍积极备战，誓死守城。他屡次指挥作战，迫使重庆城下的元军撤退。同时他还派兵收复了泸州、涪州等地。他得知赵昰、赵昺进入广东，便立即派人联系，并且在钓鱼台建造宫殿，准备迎接二位皇子来四川，重新振兴南宋王朝。

宋端宗景炎二年（1277），元军再度入川，攻占重庆。此时重庆城内粮草耗尽，但张珏仍率部顽强抵抗。景炎三年（1278）二月，张珏率领部下突围，乘船沿长江东下，不幸被俘。1280年，张珏被押解到安西后自缢而死。

文天祥：而今而后，庶几无愧

文天祥，初名云孙，字履善，后改字宋瑞，号文山，道号浮休道人。南宋末年政治家、文学家，抗元将领。文天祥自幼勤学苦读，成绩优异，宋理宗宝祐四年（1256）年，年仅二十岁的文天祥中进士，被定为状元。

开庆元年（1259），蒙古兵大举南侵，文天祥主张积极抗元，多次上书陈述宦官董宋臣和奸臣贾似道的罪行，反被罢免。咸淳十年（1274），他被重新起用为赣州知州。德祐元年（1275），元军进攻江浙，直逼临安。南宋朝廷诏令全国兵马勤王。文天祥毁家纾难，招募军队一万余人，组织起抗元力量。当时南宋朝廷满朝文武无一人可用，只有文天祥、张世杰、陆秀夫三人率兵勤王。

德祐二年（1276），元朝丞相伯颜驻兵皋亭山，文天祥以右丞相兼枢密使前去敌营谈判，企图劝说元军退兵，却被伯颜扣押。伯颜赏识文天祥的才华，于是劝说他投降，文天祥断然拒绝。不久，文天祥被元军押往大都，在行至镇江的时候，他趁机逃脱。后来，他与张世杰、陆秀夫等人会合，继续进行抗元斗争。因宋恭帝被俘，六月，他和陆秀夫等人在福州拥立宋度宗的庶长子益王赵昰为帝，即为宋端宗，并改元景炎。宋端宗也只有七岁，于是群臣又尊他的生母杨淑妃为皇太后，由杨太后听政。

景炎二年（1277），文天祥率兵进入江西，在各地抗元民兵的支持下，收复了多处州县。但是在空坑一战中，元军大败宋军，文天祥的妻子儿女都被元军俘虏，他的部下赵时赏为了让他脱身，便谎称自己是文天祥，结果被元军抓去，文天祥得以逃脱。他退入广东继续进行抗元斗争。

景炎三年（1278），文天祥再次战败，他吞食龙脑自杀未遂，在五坡岭被元军俘虏。元朝将领张弘范来劝降，并且要求他写信招降张世杰。文天祥回答说："我不能救国家危亡，作为人臣已是大罪，怎能苟且偷生还存有二心呢？"1279年，四十三岁的文天祥在被押往大都的途中路过零丁洋，身陷囹圄的他不禁感慨万千，抚今追昔，写下了千古名篇《过零丁洋》：

> 辛苦遭逢起一经，干戈寥落四周星。
> 山河破碎风飘絮，身世浮沉雨打萍。
> 惶恐滩头说惶恐，零丁洋里叹零丁。
> 人生自古谁无死，留取丹心照汗青。

在诗中，文天祥回忆起自己半生戎马，一心寻求救国之道。然而当前南宋政权已经岌岌可危，国家山河破碎，军心涣散，民心尽失，已然无人可用，无兵愿战。

文天祥到达元朝都城大都后，元世祖忽必烈将他安置在大都会同馆中，以宾客之礼相待，多次派人来劝降，软硬兼施，然而文天祥不为所动。忽必烈恼羞成怒，将文天祥关押起来。在狱中，文天祥写下了许多著名的诗篇。

文天祥就这样在狱中被关押了三年，忽必烈见文天祥宁死不屈，害怕释放他以后，他会重新召集抗元力量，于是下令处死他。1283年，文天祥在北京菜市口被杀，时年四十七岁。后来人们在他的衣物中发现了他的绝笔："孔曰成仁，孟曰取义，唯其义尽，所以仁至。读圣贤书，所学何事？而今而后，庶几无愧。"

崖山曲终，忠魂千古

景炎二年（1277），福州失陷。南宋流亡朝廷不得不逃往泉州，然而当时的泉州市舶司蒲寿庚已经奉宋恭帝和谢太后之命投降了元朝，不肯借船给张世杰。无奈之下，张世杰只能强征走了蒲寿庚的四百余艘船只，并且及时出海，一行人才得以继续南逃，撤往广东。

颠沛流离的生活使得体质虚弱的小皇帝赵昰病死在广东的一个小岛上，年仅九岁。宋端宗赵昰一死，许多臣子灰心丧气，想乘机逃走，眼看小朝廷即将分崩离析，陆秀夫挺身而出，说："古人有凭借一城一旅之师完成复兴大业的，我们现在有文武百官、将士数万人，只要天不亡赵氏，怎么不能重新立国！"于是张世杰、陆秀夫又立宋度宗的第三子，赵昰的异母弟，年仅六岁的赵昺为帝，改年号为祥兴，仍由杨太后听政。左丞相陆秀夫和太傅张世杰协力辅佐。

张世杰、陆秀夫护卫赵昺又逃到崖山，以崖山为据点，继续着抗元斗争。不久，文天祥率领的陆上抗元军队覆灭，文天祥也被俘。南宋朝廷只剩下海上抗元力量了。当时，宋军共有二十多万人，其中有十多万都是文官、太监、宫女以及普通百姓，有各类船只一千余艘。

祥兴二年（1279）正月，元将张弘范得知宋军主力在崖山，于是率领水军大举进攻。较之元军的不善水战，宋军是具有一定优势的。张世杰将千余艘船只背靠崖山，面临大海，船与船之间用绳索连接，结成一字长阵，下锚停在海中，四周架起楼棚，结成水寨方阵。他让赵昺的御船居于正中，打算在此死守。张世杰此举有两大战略失误：一是放弃了对入海口的控制权；二是千余艘战船连在一起，缺乏机动性。这对灵活作战非常不利。

不久，张弘范派遣水军封锁南面入海口，对宋军展开火攻。张世杰料到元军可能采取火攻，早已将战船上涂满泥巴，不易着火，并且用长木棍顶住元军的火船，使之无法靠近。元军火攻失败。但是入海口被元军把控，切断了宋军上岸取淡水、柴火的生命线。宋军将士没有淡水喝，最终只能喝海水，导致呕吐不止，疲乏无力，战斗力锐减。张世杰与大将苏刘义、方兴等率领大军与元军日夜抗战，形势十分艰难。正月底，元军又有大批战船陆续到达崖山，元将李恒也带领援军赶到。

二月初六早晨，暴雨如注，狂风不止。张弘范率领元军突然发起猛攻，双方展开了最后一战。张弘范和李恒分别指挥水军从南面、北面突袭宋军，宋军两面受敌，疲惫不堪，最终全线溃败。部分宋军将士投降元朝，张世杰、苏刘义带领小部分人斩断绳索，驾驶十六艘战船，保护杨太后突围而去。

小皇帝赵昺的御船太过沉重，周围被其他战船阻挡，无法突围。张世杰派人乘小船去赵昺那里，想要接赵昺突围。陆秀夫不知来人是真是假，害怕被人出卖，又怕小皇帝被元军俘虏遭受屈辱，不肯带赵昺离开。他拔剑驱使自己的妻子儿女投海，之后对小皇帝说："国事艰难危急到了现在的地步，陛下应当为国而死。德祐皇帝（即宋恭帝）已经受到了屈辱，陛下不可再受辱了。"说完，陆秀夫带上传国玉玺，背着年仅七岁的赵昺，跳进巨浪翻滚的大海中。

陆秀夫背着幼帝投海后，许多大臣、宫女、太监、百姓都纷纷投海殉国。数日之后，海上漂浮的尸体有十多万具。陆秀夫的尸体被当地百姓找到并安葬，有一个幼童尸体身着黄袍，带着金玺，被元军认为是小皇帝赵昺。至于赵昺尸体的下落，史料已无确切记载。

崖山海战失败后，张世杰率部突围。几天以后，他们得知了小皇帝的死讯。张世杰本想以杨太后的名义寻找赵氏后人，立为新帝，再图复国大业。

杨太后听闻赵昺已死，抚胸痛哭道："我之所以忍死到今日，就是因为赵氏一息尚存，如今无望了！"说完，她也投海自尽。

张世杰带领军队依旧艰难地持续着抗元斗争，他们移师海陵山一带时，飓风大作。将士劝他登岸躲避飓风，张世杰叹道："无用了。"他登上舵楼，向天祈祷说："我为赵氏已尽心尽力了。一君亡，复立一君，现在又亡。我一直怀抱着敌兵撤退，能再立赵氏使之存续的希望。而到如今这个地步，都是天意，都是天意啊！"飓风越来越大，宋军的船只被风浪吞没，张世杰等全部遇难。张世杰最终未能实现收复失地、振兴旧业的愿望，饮恨长终。南宋的最后一支抗元力量，就此覆没。

崖山一役，虽然以南宋的失败而告终，但南宋军民在绝境中表现出来的大无畏的勇气和视死如归的精神，闪耀着爱国主义的光辉，激励着一代又一代后来人。明朝诗人陈邦彦赞道："崖山多忠魂，先后照千古。"

文人篇：衣上酒痕诗里字

范仲淹与《岳阳楼记》

范仲淹,字希文,苏州吴县人,大中祥符八年(1015)进士,北宋杰出的思想家、政治家和文学家。范仲淹为人正直,敢于直谏,为官途中数度被贬。范仲淹不仅具有卓越的政治才能,在文学上也极具成就。他擅长诗词散文,作品数量虽然不多,但多为佳作,有《范文正公文集》传世。

宋仁宗庆历五年(1045),范仲淹提出的十项政治改革举措,触动了朝廷中保守派的利益,最终新政仅实行一年零四个月,便不了了之。范仲淹也被免除参知政事的职务,贬至邓州。

滕宗谅,字子京,河南洛阳人,与范仲淹是同科进士。庆历改革之际,滕子京被人弹劾盗用公使钱,庆历四年(1044)春被贬至岳州巴陵郡,之后在岳州谪守三年,在任期内重修岳阳楼。

岳阳楼位于湖南岳阳西北的巴丘山下,始建于公元220年前后,前身是三国时期东吴都督鲁肃用于训练水军的阅军楼,西晋南北朝时被称作"巴陵城楼",后来巴陵城改称岳阳城,巴陵城楼亦被称之为岳阳楼。岳阳楼屹立在洞庭湖畔,前望君山,自古有"洞庭天下水,岳阳天下楼"的美誉。其与湖北武汉的黄鹤楼、江西南昌的滕王阁并称为"江南三大名楼"。自唐朝开始,岳阳楼成为历代文人骚客吟诗作赋的圣地。

庆历六年(1046)六月,谪守巴陵的滕子京主持重修的岳阳楼即将落成,他修书一封,邀请在邓州的范仲淹为岳阳楼作记,并附上一幅《洞庭晚秋图》。时年九月十五日,范仲淹依据此图,凭借自己天马行空的想象,挥毫而就千古名篇《岳阳楼记》。

《岳阳楼记》全文仅三百六十八字，将叙事、写景、抒情、议论融于一体，语言精练，辞藻优美，音韵和谐，词约义丰。范仲淹用简洁的语言，描述了洞庭湖的波澜壮阔和万千气象；又用对比的手法，写出阴雨时节和晴朗天气登楼的两种截然不同感受，寓情于景，从而表达了自己"不以物喜，不以己悲"的旷达胸襟，和"先天下之忧而忧，后天下之乐而乐"的政治抱负。

《岳阳楼记》之所以名闻天下，不仅是文章本身达到了极高的文学高度，也因为范仲淹本人胸怀家国天下的济世情怀是其一生的真实写照。他正直无畏、大公无私的高尚情操，一直为后世之人景仰和赞叹。

欧阳修和《醉翁亭记》

欧阳修，字永叔，号醉翁，晚年又号六一居士，庐陵人。北宋杰出的政治家和文学家，位列"唐宋八大家"之一，在文学方面，以散文和诗歌最为突出。

欧阳修仕途坎坷，于天圣元年（1023）和天圣四年（1026）两次参加科举考试，都意外落榜。天圣八年（1030）他以极佳的成绩考取进士，踏入仕途。

景祐三年（1036），范仲淹因上书针砭时弊得罪了当朝宰相吕夷简，被贬饶州，欧阳修身为范仲淹一派也受到牵连，被贬为夷陵县令。

康定元年（1040），欧阳修被召回京师，重新担任馆阁校勘，主持编修崇文总目。庆历三年（1043），欧阳修任右正言、知制诰。范仲淹、富弼等人推行"庆历新政"时，欧阳修坚定地站在改革派一边，后来在守旧派的阻挠下，新政落幕。

庆历五年（1045），范仲淹、韩琦、富弼等相继被贬，欧阳修上《朋党论》替范仲淹辩护，结果被贬为滁州太守。

在滁州，欧阳修实行"宽简而不扰"的政策，重视发展生产，为民生着想，取得了一定的政绩。于庆历六年（1046）一次外出宴饮的时候，他写下了不朽的名篇《醉翁亭记》。

《醉翁亭记》全文仅四百零二字，以一个"乐"字贯穿全文，用简洁凝练的语言描写了滁州一带的优美景色和滁州百姓和平宁静的生活以及游人的山水之乐和宴饮之乐。全文格调清丽，结构精巧，具有高度的美感。作者在创作此文时，年仅四十岁，却自称"醉翁"，虽然由于庆历新政的失败及被贬而感到内心忧闷，但是滁州秀美的风光和百姓的安然自足，使作者在外放的生涯中感受到寄情山水、与民同乐的自足之趣。

欧阳修生性开朗豁达，在朝堂时心系天下，任地方官时也能苦中作乐，并为一方百姓谋福利。这与他的忘年之交范仲淹"居庙堂之高则忧其民，处江湖之远则忧其君"的思想不谋而合。《醉翁亭记》与《岳阳楼记》作于同一年，《醉翁亭记》通篇写"乐"，欧阳修"醉翁之意不在酒，在乎山水之间也"，"人知从太守游而乐，而不知太守之乐其乐也"；《岳阳楼记》通篇述"忧"，范仲淹"先天下之忧而忧，后天下之乐而乐"，"不以物喜，不以己悲"，二者一乐一忧，却具有相同的旨趣。

欧阳修与古文运动

中唐时期,在韩愈、柳宗元等人的积极倡导之下,古文运动取得了良好的成果,散文创作逐步改变了以往华而不实的文风,走上新的发展道路。然而在晚唐、五代时期,古文运动趋于落没,又出现了雕章琢句、华而不实的文风。宋初,出现了一批想要遏制这种文风的文人,如王禹偁、柳开等,但是收效不大。

宋真宗、仁宗时期,"西昆体"在北宋诗坛上大为盛行,它是以杨亿、钱惟演等人为首的十七位馆阁文臣互相唱和、点缀升平的诗歌总集《西昆酬唱集》而得名。这部诗集在当时影响很大,令无数文人学子纷纷效仿。西昆体延续了晚唐、五代的诗风,追求诗歌的形式美,辞藻华丽、声律和谐,但思想内容贫乏,缺乏真情实感,脱离社会现实。宋朝的古文运动便是反对以西昆体为代表的浮华柔靡、怪僻晦涩的文风,主张对诗歌和文章进行革新。

这时,以欧阳修为代表的文学大家开展了第二次古文运动,一方面反对自晚唐、五代以来的不良文风;另一方面倡导继承韩愈的道统和文统,主张"文以明道"。

欧阳修具有极强的文学功底,他自幼便以韩愈、柳宗元的文章为典范,努力钻研、学习他们的文章,力求使自己的文章言简意赅。相传欧阳修在翰林院当官时,有一次和三个部下一起出游,看到路边有一只狗被飞奔的马踩死了。欧阳修便让这三个人将这件事讲述一遍。一个人说:"有黄犬卧于道,马惊,奔逸而来,蹄而死之。"另一人接着说:"有黄犬卧于通衢,逸马蹄而杀之。"第三个人说："有犬卧于通衢，卧犬遭之而毙。"欧阳修听后笑道："如果像这样修史书，一万卷也讲不完一朝之事。"众人忙问道："那您如何说呢？"欧阳修答道："'逸马杀犬于道'六个字足够了！"欧阳修对简洁文风的追求可见一斑。

欧阳修还积极进行文学创作，以自身的实践推动文风的革新，欧阳修一生创作了五百余篇散文，著名的篇章有政论文《朋党论》《五代史伶官传序》《与高司谏书》等，散文《醉翁亭记》《丰乐亭记》，辞赋《秋声赋》《鸣蝉赋》等，诗话《六一诗话》等。此外，欧阳修在史学、农学、谱学等方面也颇有成就。

另一方面，欧阳修凭借自己的政治地位，提拔有才华的后进之士，使一大批当时默默无闻的青年才俊脱颖而出。嘉祐二年（1057）二月，欧阳修作为贡举考试的主考官，他拒绝录用文风浮靡的考生。此举虽然招致很多考生的不满，但是却推动了考场上文风的变革。此次考试录取的人中，就有苏轼、苏辙、曾巩等后来的文学大家。渐渐地，实用主义的文风在社会上又流行起来。欧阳修一生桃李满天下，苏轼兄弟、王安石、曾巩、司马光、焦千等人都是他的门生，与他年纪相仿的苏洵也受到他的赏识。这些人成为有宋一朝熠熠生辉的"文学明星"。

欧阳修的古文运动取得了巨大的成功。明代的朱右将韩愈、柳宗元与欧阳修、苏洵、苏轼、苏辙、王安石、曾巩的散文作品合编为《八先生文集》，后来茅坤又编选了《唐宋八大家文钞》，从此，"唐宋八大家"之称流传后世。唐宋八大家对古文运动做出了杰出的贡献，唐宋的古文运动也是中国古代文学发展史上重要的里程碑。

司马光与《资治通鉴》

司马光，字君实，号迂叟，陕州夏县涑水乡人，人称"涑水先生"。北宋著名的政治家、文学家、史学家。司马光出身官宦世家，从小就博览群书，七岁熟读《左传》。宝元元年（1038），司马光刚刚十九岁就考中进士，从此踏上仕途。司马光为人刚直，敢于直谏，大公不顾私，人们称他为"社稷之臣"。

起初，司马光认识到宋朝严重的社会危机，主张革新。宋神宗任用王安石主持熙宁变法时，身为保守派的司马光主张节流，而激进派的王安石主张开源，二人政见不合，常常在朝堂之上就争辩起来。

纵然新法饱受诟病，但是宋神宗推行新法的决心十分坚定，司马光曾多次上书，均无功而返。所以，熙宁三年（1070）二月，司马光连上五封奏折，自请出朝，以端明殿学士知永兴军。熙宁四年（1071）四月，他的好友范镇因直谏王安石而被贬官，司马光为好友上书鸣不平，并请求去洛阳御史台修史书，自此不过问政事。

司马光蛰居洛阳城十五年的时间里，潜心编修《通志》，直到元丰七年（1084）终于完成。是年七月，司马光将《通志》上呈神宗，神宗十分重视，认为《通志》"鉴于往事，有资于治道"，于是赐名《资治通鉴》，并且亲自为其作序。

司马光编著《资治通鉴》花费十九年时间，年近七十岁才终于完稿。可谓"研精极虑，穷竭所有，日力不足，继之以夜"，以至于"目视昏近，齿牙无几，神识衰耗"。《资治通鉴》的成书耗尽了司马光一生的心血。

《资治通鉴》是我国第一部编年体史书，全书二百九十四卷，另有《通鉴目录》《通鉴考异》各三十卷，总计三百五十四卷，三百余万字。它记载了上起春秋战国，下至五代期间共一千三百六十二年的历史。全书史料丰富，旁征博引，行文生动流畅，既是一本翔实的史学著作，也不失为一部优秀的文学作品。曾国藩评价《资治通鉴》说："窃以先哲惊世之书，莫善于司马文正公之《资治通鉴》，其论古皆折衷至当，开拓心胸。"

李清照：笔走龙蛇起雷声

李清照，号易安居士，南宋著名的女词人，婉约词派的代表人物。李清照出生在一个官宦家庭，父亲李格非进士出生，是苏轼的门生，母亲也是能诗能文的才女，她自小生活环境优渥，家中文学氛围浓厚，加上她天资聪慧，才气惊人，年少便负有才女之名。

苏门四学士之一的张耒（字文潜）感叹于唐朝安史之乱，曾赋《读中兴颂碑》："天遣二子传将来，高山十丈磨苍崖。谁持此碑入我室，使我一见昏眸开。"这首诗很快便流传开来。十七岁的李清照听闻后便和诗《浯溪中兴颂诗和张文潜二首》：

其一

五十年功如电扫，华清花柳咸阳草。

五坊供奉斗鸡儿，酒肉堆中不知老。

胡兵忽自天上来，逆胡亦是奸雄才。

勤政楼前走胡马，珠翠踏尽香尘埃。

何为出战辄披靡，传置荔枝多马死。

尧功舜德本如天，安用区区纪文字。

著碑铭德真陋哉，乃令神鬼磨山崖。

子仪光弼不自猜，天心悔祸人心开。

夏商有鉴当深戒，简策汗青今具在。

君不见当时张说最多机，虽生已被姚崇卖。

其二

君不见惊人废兴传天宝，中兴碑上今生草。

不知负国有奸雄，但说成功尊国老。

谁令妃子天上来，虢秦韩国皆天才。

花桑羯鼓玉方响，春风不敢生尘埃。

姓名谁复知安史，健儿猛将安眠死。

去天尺五抱瓮峰，峰头凿出开元字。

时移势去真可哀，奸人心丑深如崖。

西蜀万里尚能反，南内一闭何时开。

可怜孝德如天大，反使将军称好在。

呜呼，奴辈乃不能道辅国用事张后专，乃能念春荠长安作斤卖。

李清照的诗铺陈场面，品评功过，见解独到，诗境雄浑，气势不输李白、杜甫。很快便在当时的文人圈中互相传诵，时人称赞她："李家有女初长成，笔走龙蛇起雷声。"

李清照十八岁时与太学生赵明诚结婚。赵明诚是副宰相赵挺之的儿子，是当时有名的金石学家。他二人志趣相投，感情甚笃。

然而好景不长，崇宁元年（1102）七月，李清照的父亲李格非被列入元祐党籍，而赵挺之却一路升迁。朝廷下诏宗室"不得与元祐奸党子孙为婚姻"，李清照不得不随父亲离开汴京，回到原籍，与丈夫分隔两地。朝中政局风云变幻，党争愈演愈烈，大观元年（1107），赵挺之被罢相，不久后去世，赵家在京城难以为继，于是李清照只得随赵明诚一同回到故乡青州。

在青州，李清照夫妇度过了一段与世无争的日子。他们用陶渊明《归去来兮辞》中的句子将自家的厅堂居室命名为"归来堂""易安室"，李清照也用"易安居士"作为自己的号。夫妇二人收集金石碑刻，整理古籍，鉴赏书画，唱和诗词，度过了十二年平和安宁的时光。

靖康二年（1127），金军攻克汴京，宋徽宗、宋钦宗二帝被俘，北宋灭亡。五月，康王赵构在应天府即位。这年三月，赵明诚因母亲去世南下奔丧，八月被任命为江宁知府。李清照留守青州，整理器物古籍，准备南下。十二月，青州发生兵变，留在青州家中的十余屋金石、典籍，尽数被焚毁。

建炎三年（1129），赵明诚病逝于建康。李清照过着颠沛流离的生活。绍兴二年（1132），孤苦无依的李清照再嫁张汝舟，然而张汝舟只是觊觎她的私藏，当得知她并无多少财物后便大失所望，此外张汝舟还有营私舞弊、骗取官职的罪行。李清照万般无奈下告发了张汝舟并请求离婚，因此还被投入狱中，后来被亲友营救释放。

李清照前期的文学作品中，多反映她闺中生活的意趣，婚后生活的幸福美满以及对丈夫的深厚感情。而到中后期，她把目光投注到国家大事上，词作中多含一种悲切苍凉的意境，表达出个人的浮沉与国家命运的休戚相关。绍兴十三年（1143）前后，李清照将赵明诚遗作《金石录》校勘整理，并作后序。约在绍兴二十五年（1155），李清照在孤独愁苦中悄然离世。

辛弃疾：白发自怜心似铁

辛弃疾，原字坦夫，后字幼安，中年后别号稼轩居士。南宋著名文学家、抗金将领。辛弃疾出生时，山东一带已经被金人占领，他从小就生活在金人对汉人施行的残暴统治之下，强烈的爱国情怀与报国之志就在他心里埋下了种子。

绍兴三十一年（1161），完颜亮率大军南下攻宋，中原地区的百姓纷纷组织起义。济南府农民耿京、李铁枪等人不堪金人的压迫，于是揭竿而起，率领当地农民举行起义，很快便占领了莱芜、泰安。

绍兴三十二年（1162），当时年仅二十二岁的辛弃疾聚集了两千余人，竖起抗金大旗，接着投靠了耿京起义军，并且力劝耿京回归南宋。耿京起义军声势不断壮大，山东各地的小股义军也纷纷来投奔。耿京命辛弃疾前往临安，与南宋政府协商归宋的事宜。然而辛弃疾在归来的途中，义军将领张安国被金人收买，在海州杀害了耿京，率领部下叛变投敌。辛弃疾得知此消息，立刻带领五十名起义军将士回到海州，突袭金军五万人的大营，活捉了张安国，交给南宋朝廷处决。之后，他带领起义军继续斗争。

后来，辛弃疾回归南宋，宋高宗任命他为江阴签判，后又担任通判、安抚使等职务。初来南方的辛弃疾对南宋朝廷并不了解，他一心希望朝廷能够收复失地、一雪前耻，所以多次上书，陈述抗金北伐的战略建议，如《美芹十论》《九议》等。然而南宋朝廷只求偏安一隅，他的建议不但没被采纳，还经常受到朝廷投降派的打击与排斥。并且由于他"归正人"（宋代称沦于外邦而返回本朝者为归正人，即投归正统之人）的身份，他在朝堂上也处于一个尴尬的位置。他被频频派往江西、湖北、湖南等地做地方官，尽管他在地方上政绩卓著，然而对他实现他抗金复国的愿望毫无益处。

淳熙八年（1181）十一月，四十二岁的辛弃疾受到朝廷主和派的弹劾，最终被罢去一切职务。此后二十年间，辛弃疾除了短暂出任地方官外，大部分时间都在乡野隐居。他空怀一腔报国热血，为收复故地、保国安民，屡屡献策，奔走呼号，然而却处处碰壁。他将自己"整顿乾坤"的雄心与郁郁不得志的失意，都赋予他的词作中。辛弃疾词风豪迈，气势雄浑，擅长以文为词，独具个人特色。

嘉泰四年（1204），韩侂胄策划北伐，任用辛弃疾为绍兴知府，后担任镇江知府，此时辛弃疾已经六十四岁。辛弃疾到任之后，深感此生宏愿能否实现皆在此一举，他一方面深入了解金兵情况；一方面加紧招募军队进行训练。

已到垂暮之年的辛弃疾任镇江知府时，曾经登临北固亭，凭栏望远，抚今追昔，怀着深重的忧虑与悲愤，写下了脍炙人口的名作《永遇乐·京口北固亭怀古》：

> 千古江山，英雄无觅孙仲谋处。舞榭歌台，风流总被，雨打风吹去。斜阳草树，寻常巷陌，人道寄奴曾住。想当年，金戈铁马，气吞万里如虎。
>
> 元嘉草草，封狼居胥，赢得仓皇北顾。四十三年，望中犹记，烽火扬州路。可堪回首，佛狸祠下，一片神鸦社鼓。凭谁问、廉颇老矣，尚能饭否？

在词中他自比廉颇，宝刀不老，雄风尚在，报国热血犹殷红。然而不久后，他又受到了一些谏官的攻击，被免去职务。开禧北伐也宣告失败，他满腔热血化为空梦。

开禧三年（1207），辛弃疾终于再次被起用，朝廷封他为枢密都承旨，令他到临安赴任，然而未及到任，辛弃疾就因病抱憾长终，时年六十八岁。至死，他也没有看到朝廷北伐的大军开赴前线，没能看到中原恢复。

陆游：位卑未敢忘忧国

陆游，字务观，号放翁，越州山阴人，南宋文学家、爱国诗人。陆游生活在北宋灭亡之际，幼年时期，金朝频频南下侵犯，他不得不随家人过着流离失所的日子。他受到父亲爱国思想的熏陶，从小便立下了抗金复国的志向。

绍兴二十三年（1153），陆游进京参加考试，他成绩优异，被主考官陈子茂取为第一，然而同时考试的人当中有秦桧的孙子秦埙，因为他位居陆游名下，于是陆游在复试时遭到除名。此后在秦桧的阴影下，他一直无法顺利入仕。绍兴二十五年（1161），直到秦桧病逝，陆游才初入仕途。

宋孝宗即位后，主战派受到重用，隆兴北伐却遭失利。张浚被罢免，时任隆兴府通判的陆游则因为曾经游说过张浚也遭罢黜。乾道五年（1169），朝廷征召在家赋闲的陆游任夔州通判，后来陆游参加军旅，活动在抗金前线。然而朝廷主和派掌握大权，一心只想苟且偷安，他坚持抗击金军的主张不但不被采纳，自己还屡次被弹劾、削职。淳熙十三年（1186）春，六十一岁的陆游在老家山阴，写下了《书愤》一诗。陆游在诗中回忆起当年在瓜洲痛击金兵的情景，不禁感慨岁月蹉跎，如今自己行至暮年，却只能眼见山河破碎，"报国欲死无战场"，忧愤之情溢于言表。

嘉泰二年（1202），陆游被罢官十三年后，再度入京，担任同修国史，兼秘书监。嘉泰三年（1203）四月，国史编撰完成，宋宁宗升任陆游为宝章阁待制，陆游告老还乡，当时他已经七十九岁。

开禧二年（1206），韩侂胄出兵北伐，八十二岁的陆游听闻此消息后，兴奋不已，然而北伐却节节失利，开禧三年（1207），史弥远发动政变，韩侂胄身死人手，北伐彻底宣告失败。陆游听到这些消息，悲愤不已。

嘉定二年（1209）十二月，陆游因忧愤成疾，卧病不起，二十九日，他与世长辞，时年八十五岁。在病危之际，他留下绝笔诗《示儿》：

死去元知万事空，但悲不见九州同。

王师北定中原日，家祭无忘告乃翁。

陆游一生仕途坎坷，因为南宋朝廷的软弱，抗金救国的理想始终未能实现。他只有将自己满腔的遗恨与对祖国必将统一的希冀都寄托在这篇给儿孙的遗嘱中，可谓是字字血、声声泪。

程朱理学

程朱理学的代表人物是程颢、程颐和朱熹。

程颢，字伯淳，世称明道先生，北宋著名的思想家和教育家；程颐是他的弟弟，字正叔，世称伊川先生，北宋著名的思想家和教育家。他们二人并称为"二程"，是理学的奠基者。他们的父亲程珦曾结交当时的理学大家周敦颐，于是便让兄弟二人向周敦颐拜师学习。

在长期的学习和实践中，程氏兄弟二人建构了一套思想体系。他们以儒家思想为基础，吸收佛教和道教思想，将"理"（又称"天理"）作为哲学的最高范畴，认为"理"是一切的本源，也是社会的最高准则。在追求真理的方法上，程颢"主静"，强调"正心诚意"；程颐"主敬"，强调"格物致知"。在人性论上，他二人将"天理"和"人欲"对立，认为"人欲"是世间一切罪恶的根源，提出"存天理，灭人欲"。二程弟子众多，谢良佐、吕大临、杨时、游酢等人都是当时有名的学者。二程的思想，经过他们的弟子杨时、再传弟子罗从彦、三传弟子李侗等人的传承与发展，到南宋朱熹时更为发扬光大。

朱熹，字元晦，一字仲晦，号晦庵，晚号晦翁，又称紫阳先生、考亭先生、沧州病叟等，世称朱文公。南宋著名的理学家、思想家、教育家和诗人。朱熹师从程颐的学生李侗，在长期的儒学研究中，他建立起一套自己的理学体系，成为理学的集大成者。

淳熙二年（1175），朱熹与陆九渊在江西上饶铅山鹅湖寺展开了激烈的辩论。朱熹主张"格物致知"，从事物中去发现"理"的存在；陆九渊则认为人应该"发明本心"，心既是理。这场辩论在中国哲学史上具有重要的地位，被称为"鹅湖之会"。此后，两人在学术上的分歧越来越严重，陆九渊成为"心学"的创立者，他上承孔孟，下启王守仁，形成了陆王学派。

程朱理学的基本观点认为：理是天地万物和人类社会的根本法则；天地间各有一个理，理在万事万物中得以体现，每个事物都存在自己的一个理，即"理一分殊"；天理构成人的本质，在人间体现为伦理道德，人欲与天理相对，是超出人基本生存的欲求，是违背礼仪规范的行为，所以要"存天理，灭人欲"。这种思想被统治阶级所用，成为后来的官方统治思想。

宋朝大事纪年表

960年　　赵匡胤在陈桥驿发动兵变,建立宋王朝,赵匡胤登基,是为宋太祖

961年　　宋太祖解除大将石守信等人的兵权

964年　　赵普为相,设置参知政事为副宰相

965年　　宋军攻克成都,后蜀孟昶投降

968年　　宋军进攻北汉,因辽朝增援撤军

969年　　赵匡胤亲率大军伐北汉,因疾疫撤军

970年　　宋潘美率兵进攻南汉

971年　　南汉后主刘铱投降

974年　　宋曹彬率军进攻南唐

975年　　宋军攻下金陵,南唐后主李煜投降

976年　　赵匡胤去世,其弟赵光义即位,是为宋太宗

979年　　宋太宗率兵围太原,击败辽朝援军,北汉主刘继元投降;宋攻辽,兵败高粱河

982年　　党项族首领李继捧降宋,族弟李继迁反宋

986年　　宋曹彬、潘美等分三路攻辽,大败。杨业兵败而死

987年　　李继迁败宋兵于王亭

992年　　赵普因病罢相

993年　　四川王小波起义,战死后,李顺为首领,次年攻克成都,称大蜀王

994年	宋军俘李顺
997年	宋太宗去世,太子赵恒即位,是为宋真宗
999年	辽军大举攻宋
1003年	西夏李继迁攻宋,中流矢而死。其子李德明继位
1004年	辽军大军攻宋,宋真宗亲征,宋辽议和,订立"澶渊之盟"
1006年	寇准罢相
1008年	宋真宗泰山封禅
1014年	升应天府为南京
1020年	寇准再次罢相
1022年	宋真宗去世,其子赵祯继位,是为宋仁宗,刘太后听政
1032年	夏王李德明死,宋封其子李元昊为西平王,辽封元昊为西夏王
1033年	刘太后去世,宋仁宗亲政
1036年	宰相吕夷简以"荐引朋党"罪名将范仲淹贬职
1038年	李元昊称帝,建立大夏国,史称西夏
1040年	西夏大败宋军于延州
1041年	宋军攻夏,兵败于好水川
1043年	宋用范仲淹为参知政事,推行"庆历新政"
1044年	庆历新政夭折;宋、夏和议,宋封李元昊为夏国主,宋岁赐银绢茶等物
1052年	宋将狄青率军征讨侬智高,次年大破侬智高军,侬智高败走大理后被杀
1058年	王安石上万言书,主张变法
1063年	宋仁宗去世,养子赵曙即位,是为宋英宗
1067年	宋英宗去世,其子赵顼即位,是为宋神宗
1069年	王安石施行"熙宁变法"
1074年	司马光自洛阳上书,请罢新法;王安石罢相

1080年	宋神宗改革官制
1082年	宋军攻夏失败
1084年	司马光撰写完成《资治通鉴》，是中国第一部编年体通史
1085年	宋神宗去世，其子赵煦即位，是为宋哲宗，高太后听政；同年，新法废除
1086年	王安石、司马光去世
1087年	宋增设市舶司于泉州
1093年	太皇太后高氏去世，宋哲宗亲政，起用变法派官员
1100年	宋哲宗去世，其弟端王赵佶继位，是为宋徽宗
1102年	蔡京等人立元祐党籍碑，迫害元祐党人，禁元祐学术
1105年	宋于苏州设置应奉局，主管花石纲事
1106年	天空出现陨石，击中了元祐党籍碑，宋徽宗大赦元祐党人
1111年	童贯出使辽朝，带回燕人马植，进联合女真攻辽之策
1115年	女真首领完颜阿骨打在会宁称帝，建国号大金，起兵攻辽
1119年	宋江起义
1120年	方腊起义；宋遣使入金，订立海上之盟，相约夹攻辽朝
1121年	方腊起义被镇压，宋徽宗下罪己诏
1123年	金将燕京六州归宋，宋输岁币给金
1125年	金兵俘辽天祚帝，辽朝灭亡；金兵大举攻宋，宋徽宗禅位于太子赵桓，是为宋钦宗
1126年	金军围攻开封，开封陷落
1127年	金军俘宋徽宗、宋钦宗二帝，北宋灭亡；康王赵构在南京（商丘）即位，是为宋高宗
1129年	宋高宗南奔杭州，武将苗傅、刘正彦发起兵变
1130年	岳飞收复建康；韩世忠组织黄天荡之战；伪齐政权建立
1136年	刘豫率军攻宋

1137年	伪齐政权被废除，金与南宋议和
1139年	宋金议和，宋对金称臣，交纳岁币
1140年	完颜宗弼率军南侵，刘锜、韩世忠、岳飞等人屡挫金兵，收复大片失地。高宗下诏退兵，复地尽失
1141年	宋金订立"绍兴和议"
1142年	高宗、秦桧召岳飞回京，以莫须有的罪名杀害岳飞、岳云、张宪
1161年	金军分三路大举攻宋；虞允文取得采石矶大捷；完颜亮被部下所杀
1162年	宋高宗禅位于养子赵昚，是为宋孝宗
1163年	隆兴北伐失败
1164年	宋金订立"隆兴和议"
1170年	范成大出使金朝
1189年	宋孝宗禅位于太子赵惇，是为宋光宗
1194年	宋光宗禅位于其子赵扩，是为宋宁宗
1196年	宋禁道学，称之为"伪学"
1197年	庆元党禁
1206年	开禧北伐失败
1207年	史弥远与杨皇后合谋，杀韩侂胄向金求和
1208年	宋金订立"嘉定和议"，改叔侄为伯侄国，增加岁币和犒军费
1211年	成吉思汗率军攻金，大破金兵
1214年	金宣宗迁都南京（商丘）
1224年	金向宋求和，"榜谕"不再南下；宋宁宗去世，养子赵昀即位，是为宋理宗
1234年	宋蒙联军攻破蔡州，金哀宗完颜守绪自缢而死，金朝灭亡
1238年	蒙古遣使与宋议和
1239年	蒙古攻占重庆
1242年	蒙古军攻陷成都

1254年	蒙古军攻四川、云南、荆襄
1259年	蒙古军大举攻宋，贾似道向蒙古求和
1264年	忽必烈迁都燕京；宋理宗去世，太子赵禥即位，是为宋度宗
1268年	蒙古军围困襄阳，次年围困樊城
1271年	忽必烈改国号为大元
1273年	襄阳陷落
1274年	宋度宗去世，其子赵㬎即位，是为宋恭帝，谢太皇太后听政
1275年	贾似道芜湖大败；常州陷落
1276年	南宋正式投降，宋恭帝、谢太皇太后被俘；陆秀夫、张世杰等在福州拥益王赵昰为帝，是为宋端宗，杨太后听政
1277年	文天祥兵败，次年被俘；福州失陷，南宋朝廷逃往泉州；宋端宗病死，卫王赵昺即位，仍由杨太后听政
1279年	崖山海战，宋军大败，陆秀夫负幼帝赵昺投海而死；张世杰海上遇到飓风，溺水而亡。至此，南宋灭亡